土鄉 이야기

(전북편)

土鄕 이야기

신아출판사

■ 책을 내며

우리는 세계화의 물결 속에 5000년의 고유문화가 소실되고 잊혀져 가고 있습니다.

현세의 시각으로선 크거나 화려하지도 않고 매혹적인 향내도 풍기지도 못하지만 그래도 점잖은 듯, 잔미운 듯, 선조들의 얼이 담겨 빛나고 경이로움을 수줍게 나타내는 유산 앞에 겸허하고 엄숙한 마음으로 토향 이야기에 임하였습니다.

40년 교직생활을 정년이란 말로 퇴임 후. 산림청서 산림환경과 숲 해설로 8년을 보냈고 또 환경부 홍보교육 단에서 숲 생태 분야 강사로써 활동하면서 전북산야의 기기묘묘함과 꾸릿꾸릿한 내음들을 모으니 3권 분량으로 부담이 되었는데....

마침 전북도 문화진흥기금 일부를 보조 받아 " 토향土鄕이야기"로 일부를 발간하게 되었습니다.

이 토향이야기가 나오기까지 음으로 양으로 도움을 주신 분들께 먼저 깊은 마음으로 감사드리며. 이 고장 향토발전에 아름다운 은빛 이슬이 되어 발원되길 기원합니다.

토향土鄕은
선조의 슬기며
상징으로 삶의 내음입니다.

토향土鄕은
진솔한 맛이요
진솔한 색깔이요
진솔한 향기며
토속적인 마음의 향수입니다.

辛卯年 동짓달 열닷새

鶴天 신 진 탁

■차 례

제1장

토향의 맛

전주비빔밥의 비밀과 그 비법 • *16*
전주의 진상품 '박산' • *20*
박하사탕과 전주 사람 14 • *24*
전주 콩나물해장국밥 17 • *27*
한벽당의 오모가리 빠가탕! • *31*
남원 추어탕의 비법 • *34*
진안 태평채의 맛 • *38*
맹독성 복쟁이(1) • *41*
맹독성 복쟁이(2) • *44*
인천강의 풍천장어 • *48*
변산반도 어성초와 멸치 • *52*

제2장

토향의 멋

전주의 멋 풍유인생! • 56
팔덕을 갖춘 전주부채(1) • 59
팔덕을 갖춘 전주부채(2) • 63
팔덕을 갖춘 전주부채(3) • 67
전주의 한지(1) • 71
전주의 한지(2) • 75
전주의 한지(3) • 79
법화경과 대둔산 안심사 • 83
화암사花巖寺(1) • 87
화암사花巖寺(2) • 91
화암사花巖寺(3) • 95

제3장

토향의 지혜

소[牛]에 비유한 이름의 표현 • *100*

말과 동식물의 이름(1) • *104*

고추와 스코빌(SHU) • *108*

개명된 복주머니난 꽃 • *111*

전북도의 보약과 독약 • *115*

지리산의 약용 나무들 • *119*

전라도 '이질풀'이 러시아 정복! • *123*

장안산의 만병초萬病草는 독 나무다! • *127*

운장산의 인삼 • *130*

숲속의 복병 독충毒蟲 • *135*

세 가지에 다섯 잎 • *139*

대둔산의 독풀 승독초蠅毒草 • *144*

만덕산 독사의 독과 해독 • *147*

제4장

토향의 향기

전주수목원의 미시연未時蓮 • 152
수목원에서 생긴 일 • 157
전북대 병원의 목련꽃 • 160
백지 학鶴도 나른다 • 164
장군봉의 메꽃 • 167

제5장

토향의 슬기

경기전과 태조 익선관 • 172

민중의 선구자 정여립 • 175

얼굴 없는 천사 • 180

십훈十訓을 바로 잡자 • 184

빈 둥지 증후군의 친구 • 187

덕진 공원의 세여인 • 191

전주에 가면 '여시 코빼기' 당한다. • 194

마이산과 말 • 198

하늘 새를 바라보며 • 202

자작자작. 당신을 기다립니다. • 205

제6장

토향의 아름다움

건지산의 벌개미취 꽃 • *210*

다시 걷고 싶은 은행나무 길 • *213*

얼음 새의 복 수 초 • *217*

내장산! 우리나무 100(1) • *221*

내장산! 우리나무 100(2) • *225*

농도전북의 당산나무들 • *228*

대아리 수목원의 야생화 • *231*

전주천의 가을 으악새 • *235*

제7장

토향의 희망

경기 전엔 경기매慶基梅 • 242
매화 속에 독립운동을 • 247
자연휴양림에서 환호성을! • 252
천하제일 표돌천! 세계제일 새만금! • 256
삼여도와 변산의 삼군락 • 261
건지산의 대 의지竹 意志 • 264

제8장

잊힌 것들

잊혀진 자만동의 쌍 시암 • 270
한옥마을의 회화나무 • 273
위기 운명의 "이팝나무" • 278
남고산성의 동자꽃! • 282
전주약령시와 용골 • 286
마지막 스무나무를 보면서 • 289

토향 이야기

제 1 장 | 토향의 맛

01 전주비빔밥의 비밀과 그 비법

전주비빔밥은 평양냉면과 개성탕반과 같이 조선시대 3대 음식이었다. 이 비빔밥의 처음 기록인 『시위전서是議全書』 1800경에 부밥으로 기록되었고 다음엔 한자로 쓰기 위해 골동반汨董飯으로 표기했다. 汨은 어지러울 '골'자이며, 董은 비빔밥 '동'자인데 골동은 여러 가지 음식을 한데 섞어서 비빔을 뜻한다. 그럼 비빔밥의 유래를 알아본다.

첫째는 음복설이다. 산신제, 동제의 경우 집으로부터 먼 곳에서 제사를 지내므로 그릇을 충분히 가지고 갈 수 없다. 그래서 제물을 골고루 먹으려면 그릇 하나에 여러 가지 제물을 받아 비벼서 먹게 되었다는 것이다.

둘째는 묵은 음식 처리설이다. 섣달그믐날 새해, 새날을 맞기 위해 여러 가지 새로운 음식을 장만하면서 묵은해의 남은 음식을 없애기 위하여 묵은 나물과 묵은 밥을 비며 먹은 것에서 유래가 되었다.

셋째는 궁중음식설이다. 조선시대 임금이 먹는 밥에 흰수라, 팥수라, 오곡수라, 비빔수라가 있었다. 비빔수라는 점심때 종친이 입궐하였을 때 가벼운 식사로 즉, '점을 찍다.'로 점심이 되었다.

넷째는 동학혁명군설이다. 동학군은 날로 늘어가는 동학군의 그릇이 충분하지 않아 하나의 그릇에 이것저것 모두 합쳐 비벼 먹었다는 것이다.

다섯째는 농번기 음식설이다. 농번기에는 하루에 여러 번 음식을 섭취하는데 그때마다 구색을 갖춘 상차림 준비하기가 어려우며 또한 그릇을 충분히 가져가기도 어려웠을 것이다. 그래서 하나의 그릇에 여러 가지 음식을 섞어 먹게 되었다.

여섯째는 임금 몽진 음식설이다. 임진왜란 때 선조의 몽진으로 도토리가 수라상에 올라왔다 해서 '상수리'가 되었던 것이다. 어느 때 나라에 난리가 일어나 임금이 몽진하였을 때 수라상에 올릴 만한 음식이 없어 하는 수 없이 밥에 여러 가지 나물을 비벼 올렸다.

일곱째 전동성당 건립설이다. 전주 신자만으로는 절대적으로 부족한 노동력을 인근 신자들의 협동심으로 부역이 계속되었다. 새벽에 집을 출발한 신자들은 각자 집에서 밥과 남은 음식물을 가지고 와 새참과 점심을 때웠는데 전주는 황포묵과 콩나물을, 임실은 도라지와 고추를, 화심은 두부와 고사리를, 봉동은 애호박과 당근과 생강을, 구이는 미나리와 표고버섯을, 삼례는 무김치를 가지고 와 형제자매의 의의를 두텁게 나누며 큰 그릇에 비벼서 고루 나누어 먹었던 것이다.

비빔밥이 언제, 어느 때, 어디에서부터 유래되었는지 아직 명확히 밝혀지지 않았다.

일본은 정식 일본요리인 혼젠요리本膳料理, 의례용인 가이세키요리會席料理가 유명하고 궁중요리 요이쇼크는 1인분에 10만 엔의 고가이다. 그래도 요이쇼크요리는 고개를 끄덕끄덕하면서 두 손을 합장하고 감동한다. 그 이유는 450년간의 전통의 맛과 질을 보장하기 때문이다.

우리 전주비빔밥은 서로 '원조', '시조'라 하며 싸움만 하지 요리의 질과 맛에 대해선 뒷전이다. 눈앞의 이익만 생각하고 중국산 재료를 사용해 믿음이 없다고 평한다.

그 옛날 할머니 손맛의 비빔밥! 그 비밀과 비법을 알아본다.

제일 먼저 쇠고기는 채썰어 배즙과 청주를 넣고 무쳐서 1시간 정도 숙성을 시킨 후 마늘, 생강, 청장, 참기름, 깨소금, 잣을 넣어 육회로 준비한다. 미나리는 끓는 물에 소금을 조금 넣고 살짝 데친 후 참기름, 마늘, 깨소금을 넣고 무쳐 준비한다. 콩나물은 물에 소금을 조금 넣고 삶은 후 찬물에 헹군 다음 참기름, 마늘, 깨소금을 넣고 무쳐 준비한다. 도라지는 껍질을 벗기고 잘게 찢어 소금물 속에서 주무른 후 물에 씻어 쓴맛을 제거한 후 참기름, 마늘, 깨소금을 넣고 무친다. 고사리는 끓는 물에 삶아 독을 제거한 다음 마늘과 청장을 넣어 무쳐서 센 불에 볶다가 참기름, 깨소금을 넣어 준비한다. 표고버섯은 채썰어 깨소금, 참기름, 청장, 마늘을 넣어 무친 다음 살짝 볶아 준비한다. 애호박은 채썰어 소금에 절였다가 찬물에 살짝 헹구고 물기를 짠 다음 마늘 넣고 볶다가 참

기름과 깨소금을 넣어 준비한다. 무는 채썰어 고춧가루, 마늘, 생강, 소금을 넣고 무쳐 준비한다. 오이와 당근은 길이 4~5cm 정도로 곱게 채썰어 준비한다. 황포묵은 길이 4~5cm, 나비 1cm, 두께 3mm 정도로 썰어 놓는다.

이렇게 준비된 재료를 따로따로 두어 독특한 향을 유지시킨다. 먼저 비빔그릇에 밥을 담고 도라지, 고사리, 콩나물, 애호박, 표고버섯, 오이와 당근, 황포묵, 미나리나물을 색스럽게 돌려 담고 가운데에 육회를 놓아 보기에 아름답게 꾸민다. 그 위에 달걀노른자를 얹고 기름으로 튀긴 다시마를 잘게 부수어 넣는다. 그리고 고추장은 별도 그릇에 담아내어 개인의 식성에 따라 비벼서 먹는 것이 전주 전통비빔밥이었다.

전주비빔밥 맛의 최고 비결은 천혜의 지리적 조건에서 생산되는 질 좋은 국내산 농산물의 신선함과 오래 묵힌 장맛이고, 또 뛰어난 요리 솜씨였다. 빠져서 아니 될 것은 전주 아낙의 푸짐한 인심과 정이고 음식을 만드는 데 들이는 깊은 정성이라고 말하겠다.

02 전주의 진상품 '박산'

조청에, 시루떡 맛에
항시 허덕거리던 젊은 날!
인스턴트, 조미료, 짜가로 못된 세상 만나
내 입맛 잃더니
내 귀밑 털 희끗거린 고희에
우리 술 막걸리에다 산나물 찾으니
이제야 제 운치에, 제맛 찾아
전주 토향이 오는가!

— 학천 시

'박산朴繖'은 『호남읍지』, 『완산지』에 이 지방특산물 14종 중에 석류, 호두, 감, 생강, 벌꿀, 종이와 같이 일곱가지는 예로부터 임금님께 진상품이었다고 기록되어 있다. 그러기에 진공월령珍貢月令에도 '박산'이 나올 정도다.

이런 박산은 잊혀가고 한과만이 명실공히 그 명맥을 유지하고 있어 그 종류를 알아본다.

한과는 유과의 하나로 필히 찹쌀가루를 기름에 튀겨 만든 것이다. 그런데 '찹쌀 유과'라 함은 어딘지 모르게 이상한 점이 있지 않은가! 요즘은 산지표시제다. 중국산인지, 베트남의 찹쌀인지, 한국의 신토불이인지가 중요하지 않을까?

유과와 유밀과의 역사를 고찰하면 밀가루나 메밀가루를 먼저 기름에 반죽한 다음 꿀과 술을 섞어 다시 반죽하여 여러 가지 형태의 문양으로 된 약과 판에 넣어 찍어 기름에 튀긴 것이다. 그 모양에 따라 약과, 다식과, 만두과, 타래과, 박계, 매잣과로 정해진다.

대표적으로 박계는 기름을 적게 넣고 술을 넣지 않고 반죽하여 만드는데 제례에 주로 사용하며 다식과, 약과, 만두과를 흔히 약과라고 하는데 그 이유를 『규합총서』에는 "밀은 4시정기요, 꿀은 백약의 으뜸이며, 기름은 살충과 해독을 하기 때문이다."라고 기록되어 있다.

고려시대는 연등회와 팔관회에 유밀과상을 차렸다. 숙종 22년에는 유밀과 사용을 제한하는 금령이 내려졌고 충렬왕은 혼인할 때만 폐백음식으로 사용을 허가했다. 조선시대에는 제향, 헌수, 혼인 이외에는 유밀과를 사용하지 못하게 규제하기도 하였다.

산자는 이익의 『성호사설』에 따르면 쌀알을 튀겨 고물을 묻힌 유전병류를 말하며 잔치나 제례용 음식으로 가정에서 만들어 먹다가 조선 후기부터 상품으로 만들어졌다.

백산자는 전라남도 나주지방의 명물로서 쌀로 만들어 배나무 꽃꿀로 묻혀 눈처럼 희고 소담한 모양이 특징이다. 매화산자는 매화 밥을 며칠간 밤이슬을 맞힌 찹쌀을 술에 적셨다가 하룻밤 재워 뜨거운 무쇠솥에 넣고 튀긴 것으로 모양이 매화꽃잎처럼 생겼다. 묘화산자는 밀가루에 꿀을 섞어서 만든 반죽을 튀겨서 고물을 묻힌 것이고 메밀산자는 밀가루와 메밀가루를 반씩 섞어 반죽을 만든 뒤 튀긴 것이다.

밥풀산자는 찹쌀을 물에 하루 동안 담갔다가 시루에 쪄서 그늘에 말린 뒤 쌀알이 온전한 것과 부서진 것을 가려 술에 축였다가 각각 낮은 온도에서 튀겨 바탕에 붙인 것이다. 이것을 기름에 튀기지 않는 점을 착안해 개발된 것이 박산薄散, 또는 박산유초라 한다. 이는 『조선왕조실록』(세종 3년, 1420)에 전주에서만 나는 특산물이라 했고 허균의 『도문대작』에는 전주의 명산물이라 했다. 또 이하곤이 1722년에 전주 남부시장 전통한과 판매상에서 보았다고 기록된 것도 박산이다.

일제강점기엔 군수용으로 유채기름부터 공출했으나 부족해 소나무 송진까지 동원했다. 그래서 유과와 유밀과 그리고 산자는 국가적으로 막았다. 대신 기름을 사용하지 않는 전통적인 박산을 장려하니 일본 상인들은 박산을 개발하여 오코시(おこし)란 이름으로 명절 때 만들도록 했다. 물엿 넣은 쌀강정인데 더 자세히 말하면 찹쌀을 쪄서 말렸다가 물엿이나 설탕으로 굳힌 것을 쌀강정 혹은 밥풀과자라 했다. 깨를 넣으면 깨강정, 콩을 넣으면 콩강정, 호두를 넣으면 호두강정이라 한다.

전주 사람이 '오코시'라고 하면 잘 알아도 '박산'이라면 전혀 모르니 한심하다. 우리가 우리 것을 모르니 정말 민족의 넋을 잃고

사는 것이다.

우리의 전통음식문화로! 전주의 명물로! 새롭게 개발하고 오래 보존하길 바란다.

03 박하사탕과 전주 사람

전주 사람들에게 '박하사탕'을 물으면 답변에 따라 세대차이가 난다. 50세 이하의 사람에게 물으면 감독 이창동의 영화를 생각한다. 또 어느 사람은 "1999년 봄 주인공 김영호(설경구)가 '가리봉 봉우회'의 야유회 장소에 느닷없이 20년 전 첫사랑의 여인 나타난다……."라고 영화 줄거리까지 말한다.

그러나 보리타작, 모내기, 뽕따기에 가쁜 숨을 몰아쉬어 본 60대의 할머니! 앵도며, 꽁보리밥, 상추쌈 싸며 쑥국새 소리를 들어 본 65세 할아버지! 이들 어르신에게 '박하사탕' 하면 입안에 달콤한 향과 맛을 그리며 군침이 돈다. 그 시절의 박하사탕 맛!

가지가 휘어지도록 울밑에 붉은 앵도
한 알도 축날새라 아끼고 또 아끼듯
소복이 담은 내 마음의 한 알
밤이 이슥도록 자지러진 기침 소리에

뉘 손으로 문질러야 가슴이 나오리까.

생각다가 박하사탕 한 알
입안에 넣어만 주면
가물가물 사라져간 바튼 기침 소리.

1897년은 군산항이 개항(1899년)되기 전이니 꽤 일찍 내륙에 들어온 사람이 있었다. 전주 서문 밖의 스산한 산기슭에 날림으로 거적때기를 걸친 움막이 생기었다. 이들이 야마구치 현 출신으로 전주에 최초로 발을 디딘 일본인 이노우에(井上正太郎)와 모리나가(守永新三)인데 우린 상상도 못하는 일본 풍속으로 성이 다른 형제간이었다.

이들이 전주 시내에 일본 옷을 입고 나타났으니 생전 처음 본 개들이 울부짖었고 동네 사람과 꼬마들이 줄줄이 따라 다니며 원숭이를 본 것처럼 구경을 했었다. 이 사람이 어떻게 왔는지 아리송하지만, 이들이 파는 약이 꼭 필요한 학질약과 회충약이었다. 그리고 바늘과 실, 사탕, 과자, 거울, 석유, 램프 등을 등에 지고 다니는 박물장수였다.

박하는 꿀풀과 여러해살이풀로 땅속줄기를 뻗어 번식한다. 그 종류는 적경, 삼미, 백미 3가지인데 그 중에 전주와 삼례 근교에서 생산되는 삼미가 잎의 향이 특별히 짙고 깊으며 맑았다고 한다. 그 잎은 긴 타원형이며 여름에 자줏빛 또는 흰빛의 꽃이 잎겨드랑이에서 핀다. 이 잎은 의약, 청량음료, 담배, 과자, 화장품 및 은단의 주원료로 일본에서 큰 인기를 얻었다. 이들 형제가 박하 잎을 정제해 박하뇌Mentha canadensis를 만들어 일본에 보내는 작업을 했다.

한편 일본에서 수입한 '다마(たま) 사탕'은 구슬 모양 사탕인데 '오다마(おたま)'라고 아주 큰 구슬 사탕은 값이 5전五錢이었고 입안에 넣으면 녹는 데 20리(8km)를 간다고 했다. 이것이 점점 발전해 사탕의 원료에 향기를 첨가해 개발하는데 수없는 실험을 통해 마침내 박하薄荷의 향을 넣는 것에 성공했다.

이 땅에서 성공해 우리말로 '박하사탕'이다. 그 향이 입안에서 감돌고 단맛 난다. 옆 사람까지 향이 풍기니 처음 먹어 본 사람은 그만 매혹이 되었다. 그리고 우리의 엿보다 보관이 간단하고 먹기 편리하며 더 달고 향까지 났다. 가격 또한 저렴했다. 그러니 '박하사탕, 박하사탕.' 하고 서로들 찾으니 대박이 났다.

이렇게 박하사탕이 성공하니 서문시장과 남문시장까지 수단과 방법을 가리지 않고 파고들어 정착을 했다.

이렇게 박하사탕은 우리네 생활에 스며든 지 100년이 넘었다.

> 고향은 타향이로되 벌써 전주 토향이옵네
> 박하 향에 젖어온 나를 안아줄 이 없는가?

04 전주 콩나물해장국밥

꽃불놀이 관계로 부산에 도착하니 제일 먼저 눈에 띄는 것이 있었다. 전주콩나물국밥이라는 간판을 내걸고 장사하는 곳이 상상 외로 많았다. 전주식이라고 선전하고 있지만, 전주에서 콩나물국밥을 맛본 나는 실망을 했다. 한 콩나물국밥집 사장은 "전통음식이라도 그 지방에 따라 사람들의 입맛에 맞춰 시원한 맛으로 변형됐다."고 말한다.

콩나물국밥은 비빔밥, 한정식과 함께 전주지방의 3대 음식으로 유명하다. 전국 각지에 전주콩나물국밥의 콩나물은 일반 콩나물이 아니다는 것을 보여 주어야 할 때이다. 그럼, 왜 전주의 콩나물국밥이 이렇게 유명해진 것일까. 그 이유를 알아본다.

전주는 예로부터 콩나물로 유명했는데 이 지역의 물에는 철분이 많아 풍토병이 자주 발생했다.

처음 부임한 전주 부사는 이 풍토병을 치유한 후 "각종 요리에는 콩나물을 어김없이 넣어라."라고 명했다. 조선시대에 청심환의 원료로 중국에 수출까지 하던 귀중한 약재로 여겨진 것은 전주 남쪽에 있는 산 좋고 물 좋은 임실 지방에서 생산되는 '서목태鼠目太' 일반명은 마치 쥐눈을 닮았다 하여 '쥐눈이콩'이다.

이 콩은 윤기가 흐르는 검은 바탕에 하얀 테를 두르고 콩깍지가 까맣고 맛이 뛰어나 옛날부터 전주를 대표하는 팔미八味 또는 십미十味라 했다.

이 콩으로 기른 콩나물은 교동의 맑은 샘물로 잔뿌리 없이 외뿌리로 기르는 것이 요령이며 전주 나물을 다른 지역 콩나물과 차별있게 만든다. 다 자라 질겨질 때까지 기다리지 않고 5~6cm 길이의 미숙한 상태에서 뽑아 사용하므로 육질이 부드러우며 맛이 좋다.

뿌리에 들어 있는 아스파라긴산으로 인해 겨울철 비타민C의 부족으로 괴혈병에 시달리고 술로 인해 속병으로 지지리 고생하는 사람에게 좋은 것으로 알려져 콩나물해장국밥으로 즐겨 먹었다. 콩나물의 효능에 대해서는 『동의보감』에 온몸이 무겁고 저리거나 근육과 뼈가 아픈 데 치료효과가 있고, 제반 염증소견을 억제하며 수분대사를 촉진할 뿐만 아니라 위의 울열을 제거하는 효과가 있다고 기록돼 있다.

전주콩나물국밥은 주재료를 살펴보면 밥, 김치, 콩나물, 고추, 달걀, 김, 새우젓국에 모주 한 잔이 전부로 가격이 아주 저렴하다. 봄, 여름, 가을, 겨울 사계절 유행을 타지 않고 불황이 없다는 것이 특징이다.

이런 관계로 콩나물김칫국에 밥을 말아 먹는 것으로 생각하는 사람이 있는데 콩나물국밥에 사용되는 김치는 일반 김치와는 다른 것이다.

김치는 담글 때에 배추를 다져서 담그며 간도 매우 짜게 한다. 또한 김치의 숙성도 최소한 1년 이상 하여야 한다. 그러므로 일반 묵은김치를 사용했을 때는 느끼지 못하는 깊은 맛을 가지게 되며 김치의 간이 짠 관계로 김치는 약간만 넣으면서 콩나물의 맛을 최대한 살려 주는 것이 묘법이다.

조리의 비법은 콩나물을 끓는 물에 삶은 후 바로 찬물에 헹구어 놓는다. 콩나물 삶은 물에 멸치와 다시마를 넣고 끓인 다음 국물은 채에 걸러 놓는다. 그리고 밥, 콩나물, 김치, 청양고추, 마늘, 국물을 넣고 끓인다. 국물이 한 번 끓어오르면 계란, 파, 깨소금을 넣고 한소끔 또 끓인다.

거품이 일고 완전히 끓은 다음엔 새우젓과 김은 따로 담아내어 개인의 식성에 맞추어 간을 조절하게 한다.

이런 콩나물국밥은 그 자체만으로는 한 끼의 식사로 부족하다 하겠다. 그러나 콩나물국밥은 요즘 간단한 아침식사로 다이어트식으로 환영받고 있다.

새우젓과 매운 청양고추로 맛을 가미해 개운하고 깔끔한 맛을 즐길 수 있는 콩나물국밥은 보글보글 끓는 뚝배기와 날계란 한 개, 그리고 두어 가지 반찬이 전부이다.

계란을 깨서 뚝배기에 넣고 흰자가 살짝 익을 때쯤 휘휘 저어 입안에 그리고 한 숟가락 떠 넣으면 시원한 맛에 반하는 별미 콩나물국밥, 달착지근한 맛과 헝클어진 속을 댓바람에 훑어내리는 듯 뜨겁고도 후련한 기분이 뒤집어진 비위를 달래는 데 그만이라서 애주가들로부터 사랑을 받고 있는 대표적 음식 중 하나다.

바늘 가는 데 실 가듯 콩나물국밥집의 메뉴에서 빠지지 않고 등장하는 것은 모주母酒다. 막걸리에 찹쌀가루, 흑설탕, 감초, 생강, 계피, 대추, 인삼 등의 한약재를 넣고 끓여 알코올 성분은 거의 없는 게 특징이다.

모주 재료는 모두 숙취 해소에 좋은 것들로 해장술로 불리는데 감기몸살에도 좋다고 알려져 있다.

허름한 콩나물국밥에 모주 한 잔! 푸짐하고 걸쭉하며 텁텁하다. 삶의 애환이 땀내로 물씬 묻어나는 서민적인 분위기나 구수하고 넉넉한 콩나물국밥이 메마른 세태에 전주의 향수를 느끼게 한다.

05 한벽당의 오모가리 빠가탕!

서울 친구가 20여 년 만에 전주를 찾아왔다. 전주의 별미를 맛보이고 싶어 한벽당 옛길을 찾았다. 허름한 식당에 들어가 주인에게 가장 자랑하는 메뉴를 부탁하니 "오모가리 빠가탕이 제일 맛있어요." 한다. 친구는 무슨 말인지 영 알지 못했다.

오모가리는 흔히 일본 말로 알고 있으나 사실은 뚝배기의 사투리다. 충청도는 투가리, 경상도는 뚝수리, 황해도는 투깔, 제주도는 독사발, 오모가리는 전라도 사투리로 오지그릇이다.

오랫동안 희로애락을 함께해온 오지그릇은 진흙에 물을 주어가며 수차례 메로 두드리고 또 얇게 만들어 물레를 돌리면서 옹기 모양을 잡아 만든다. 저렴하고 투박한 옹기지만, 탄생하는 과정은 그리 쉽지는 않다. 소박하게 만든 후에 햇빛에 며칠씩 말리고 가마에서 뜨거운 열기로 굽고 식히는 데까지 한 달이 걸린다. 그것이 '그릇의 맛'을 이루는 첫째 작업이다. 이렇게 지극 정성으로 만든 오모가리는 안팎으로 숨을 쉬면서 담긴 음식물을 정화하고 부패를 막아준다. 그래서 전주의 맛을 이야기할 때 오모가리를 언급하고 오모가리 맛이 장맛이라는 말도 나온 것이 아닌가 싶다.

장맛이 우리 음식 맛의 깊이를 만드는 것이고 특히 전주 음식의 맛은 장맛에서 결정된다고 해도 부정할 사람은 없을 것이다.

속담에 "뚝배기 깨지는 소리"는 음성이 곱지 못하고 탁한 소리, 혹은 잘못하는 노래나 무뚝뚝한 말을 비유적으로 하는 말이며, "뚝배기보다 장맛이 좋다."는 말은 겉모양은 보잘 것 없으나 내용은 훌륭하다는 말로 비유하는 말이다. 이처럼 오랜 세월 전주 한벽당 길 오모가리탕은 전통적으로 우리네 생활 속에 깊이 뿌리를 내리고 있다.

사람 수에 따라 사용하는 크고 작은 민물고기는 전주천에서 직접 잡은 것으로 미식가의 입맛을 돋우어준다. 한벽당 오모가리탕은 전라도 여인의 지극한 정성과 솜씨 덕도 있겠지만 살아 있는 민물고기와 채소, 양념을 적당히 섞어 보글보글 끓인 국물과 양념이 배어 있는 맛이다. 얼큰하면서도 담백한 맛이 일품으로 전주의 명물인 비빔밥 다음으로 유명하다.

오모가리탕에 부뚜막 고추는 제격이다. 고추 말리는 날에 비가 자주 와 부엌 부뚜막의 열기로 말린 고추다. 이 고추를 양손으로 비벼 넣으면 매운맛과 얼큰한 맛이 또한 진미다.

오모가리탕은 쏘가리, 빠가사리(동자개), 메기, 피라미 등의 민물고기를 오모가리에 끓여내는 탕의 통칭으로서 재료로 쓰는 물고기에 따라 이름과 값이 다르다. 끓이는 여인의 손끝에 따라 맛도 다르다. 또 주인집의 간장과 된장의 맛에 따라 다르다. 장은 진해야만 진맛이 난다. 매운탕과는 다른 구수하고 얼큰한 맛이 있어야만이 오모가리탕이다. 이런 탕 중에 빠가탕이 일품으로 뽑히는 데는 퍽 재미난 유래가 있다.

빠가사리는 우리말로 동자개, 눈동자개, 대농갱이라고도 하며 동자개과 민물고기로 자신이 위험을 느낄 때나 인간에게 잡혔을 때 가슴지느러미를 관절과 마찰시켜 소리를 내는데 이때 "빠각 빠각" 소리를 내는 특이한 습성을 지니고 있는 물고기다.

한일합방으로 기세당당한 일본헌병과 경찰에게 욕을 하는 물고기가 있다고 해 당시 총독 '하세가와 요시미치' 앞에 간 민물고기가 "빠가 빠가" 소리를 내었다. 총독은 "대 일본 총독에게 욕을 해?" 큰소리로 화를 내며 즉시 명을 내렸다. 전주천의 물길을 막아 상관저수지를 만들고 성벽을 헐어 기린로 물길을 메웠고 한벽당 일부를 헐어 산을 깎아 철길을 내었다.

그래도 물은 흐르니 물고기가 자랐다. 나라 잃은 울분으로 욕을 담아 "빠가 빠가" 마음껏 하자는 뜻으로 입에서 입으로 퍼져나가 지금까지도 빠가탕이라고 한다.

전주 오모가리 빠가탕! 이는 '뚝배기 동자개탕'임을 밝히며 전통 음식문화로서 그 맛! 길이 보존되길 바란다.

06 남원 추어탕의 비법

추어탕은 남원이 원조이며 맛이 좋기로 엄지손가락을 꼽는다. 지리산 구곡계곡에서 육모정과 요천으로 흐르는 물과 지리산 천연의 제피나무 열매의 가루가 있기 때문에 추어탕의 맛이 전국 어디에서도 따를 수 없는 진한 맛이 난다.

남원의 미꾸라지(カラドヅョウ)는 『동의보감』에 추어鰍魚, 한글은 '미꾸라지'다. 비늘이 없고 몸 표면에서는 점액을 분비하며 주로 강 하류, 연못처럼 물 흐름이 느리거나 물이 고여 있는 곳에서 산다.

깨끗한 물보다 3급수 이하의 물에서 잘 살며 진흙 속으로 자주 들어간다. 그래서 『난호어목지』는 이추泥鰍, '밋구리'로 썼다.

미꾸라지는 온도가 낮아지거나 가뭄이 들면 진흙 속으로 들어가 휴면을 취하며, 물속 산소가 부족한 경우에는 장으로 공기호흡을 한다. 동물성 플랑크톤과 모기 유충인 장구벌레, 진흙 속 유기

물을 먹고 살며 대개 야행성이다.

비가 내려 물이 불어나고 흙탕물 속에서 짝짓기가 시작된다. 이때 수컷은 암컷 몸을 감아서 알을 낳도록 유도하고 낳은 알은 물풀에 붙이는데 정확히 2일 후에 부화하고 몸길이가 4cm 정도로 자라면 성숙한 모양새를 갖추게 된다.

암컷은 체구에 비해 앞가슴 지느러미가 작고 끝이 대체로 둥글둥글하며 2년이 되면 길이가 10cm 정도로 자란다. 또 3년 정도면 20cm가 된다. 전년도에 산란한 것은 배지느러미 양옆 몸통 좌우에 산란 시 수컷이 빨판으로 감은 흉터 자국이 남아 있다. 수컷은 체구에 비해 앞가슴지느러미가 크고 끝이 창칼처럼 뾰족하며 날카롭고 체구는 가늘고 작다.

미꾸라지는 봄과 여름 사이에 비가 내리는 날 농수로나 작은 도랑에서 촘촘한 그물을 이용해 잡을 수 있다. 날씨가 추워지면 진흙 속으로 들어가므로 이때에는 삽으로 땅을 파서 잡는다.

남원 요천강에서 자라는 미꾸라지는 단백질과 비타민 A의 함량이 높아 영양식으로 이용된다. 추어탕, 튀김, 회로 만들어 먹는다. 봄, 여름 사이에 살이 많이 오르기 때문에 가을철부터가 가장 맛이 좋은 것으로 알려진 것이 추어탕이다.

우리 식생활은 칼슘과 철분이 부족되기 쉬웠는데 옛날부터 지혜롭고 슬기로운 우리네 조상님들은 그 중요한 무기질 공급원이며 어린이나 노인들에게 좋은 칼슘의 근원인 음식으로 추어탕을 먹었다. 뼈와 이를 튼튼히 해주고 허약한 사람이나 회복기 환자의 보補를 위해 추어탕을 찾았다. 최신 의술로 분석해 보니 소화가 잘

되어 위장병, 피부미용에도 매우 좋다는 것이 입증되어 많은 사람들이 찾고 있다.

추어탕의 주재료는 미꾸라지고, 다음은 찹쌀이다. 여기에 맛과 향을 살리기 위해 밤, 대추, 수삼, 표고버섯과 비린내를 제거하기 위해서 생강과 마늘을 사용한다.

그럼 제일 먼저 준비는 미꾸라지에 소금을 뿌려 해금을 하게 한 다음 깨끗이 씻어 놓는다.

솥에 미꾸라지, 물, 생강을 넣어 약한 불로 충분하게 삶는다. 그것을 주걱으로 문질러 굵은 체에 걸러 놓은 것이 주재료 미꾸라지 국물이다.

찹쌀은 깨끗이 씻어 놓고 표고버섯은 잘게 다지고, 밤은 껍질을 벗겨 편으로 썰고 대추는 씨를 빼 채썰어 놓는다. 수삼은 깨끗이 씻은 다음 어슷어슷하게 썬다. 이렇게 준비한 재료 찹쌀, 밤, 대추, 수삼, 표고를 미꾸라지 국물에 넣고 끓기 시작하면 약한 불에서 15분 정도 끓인 후 소금으로 간을 한다. 이것이 남원의 원조 추어탕이다.

추어탕을 먹는데 누구의 입에선가 "이북에선 산초나무요, 이남에선 제피나무라." 한다. 일반적으로 추어탕 집에서 향신료로 '산초가루'나 '제피가루'를 사용한다. 지역에 따라 이 두 가지가 추어탕과 함께 민물고기 요리의 비린내를 없애주는 주요한 향신료로 쓰인다.

아는 내용이지만 추어탕 집에서 시큰둥한 눈빛으로 투정삼아 "산초가루입니까? 제피가루입니까?" 하고 물으면 지역에 따라 다르게 말한다.

초피나무는 경상도 인근에 많이 나기 때문에 추어탕이나 뚜거리탕에 제피가루를 넣는 경우가 많다. 경상도지방에서는 제피를 고춧가루와 함께 갈아 김장김치를 담기도 한다. 전라도지방에는 야산지역으로 산초가 많아 산초가루를 사용한다. 그럼 산초나무와 초피나무를 구별해 보자.

산초나무는 가시가 어긋나고 잎에 톱니가 잘다면 초피나무는 잎의 톱니가 비교적 큰 편이다. 꽃의 경우 초피나무의 꽃은 노란색으로 5, 6월에 피고 꽃잎이 없다. 열매는 9월에 적갈색으로 익는다. 산초나무의 꽃은 7월에 피고 열매는 홍색으로 10월에 익는다. 또 열매 껍질의 향은 초피가 훨씬 맵고 개운한 맛이 더 있다. 초피나무는 이른 봄에 새순을 무침으로 먹을 수 있고 향이 좋아 민물매운탕에 양념으로 사용해 왔다.

추어탕의 맛을 한마디로 표현하라면 "제피가루는 듬직한 사나이 바지의 멋이요 맛이라면, 산초가루는 교태스런 여인 치맛자락의 멋이요 맛이다."라고 말하고 싶다.

07 진안 태평채의 맛

진안에 풍요로운 자연과 바람을 가져다주는 쌍봉인 마이산을 이성계는 속금산이라 했다. 산이 금척을 묶는 모습이라서 붙인 이름이다. 이씨는 목성이어서 목과 상극인 금의 산이고 금이 완성하면 목성인 이씨가 해를 본다고 해서 속금산東金山이라 했다는 전설을 들으며 흙냄새 폴폴 나는 태평채를 찾았다.

태평채는 메밀의 연한 잎으로 무친 나물로 조선시대 궁중에서 부른 이름이다.

메밀꽃 하면, 이효석의 『메밀꽃 필 무렵』이 생각난다.

> 밤중을 지난 무렵인지 죽은 듯이 고요한 속에서 짐승 같은 달의 숨소리가 손에 잡힐 듯이 들리며 콩 포기와 옥수수 잎새가 한층 달에 푸르게 젖었다.
>
> 봉평의 산허리는 온통 메밀밭이어서 피기 시작한 꽃이 소금을 뿌린 듯이 흐뭇한 달밤에 숨이 막힐 지경이다.

장돌뱅이 생활 20년에 가진 것이라곤 당나귀다. 이 나귀의 걸음도 한편 시원하다.

하룻밤의 인연을 가졌던 동이 모가 제천에 살고 있다는 소식에 까물까물하다가 발을 헛디디어 물에 빠진 허 생원. 슬며시 허 생원을 그려보며

달밤의 풍광에 작가의 맑은 문향을 맛보니 메밀의 향취가 저절로 풍긴다.

이런 향취의 메밀은 과연 어디가 원산지일까. 궁금증이 발동한다. 바이칼 호(湖)에서 중국 아무르 강(江) 지역을 중심지로 추정되고 있다.

중국은 당나라 때 처음 알려졌으며 한국도 중국을 거쳐 오래전부터 재배되었을 것으로 짐작이 간다.

메밀은 건조한 땅에서도 싹이 잘 트고 성장 기간도 2, 3개월로 짧으며 흉년엔 풋것은 베어 짐승의 사료로 쓰며, 잎은 구황기에 죽으로 이용했다. 이런 잎들이 이젠 다이어트로 환영을 받는다.

메밀은 콜린과 루틴이 음식의 주성분으로 고혈압과 뇌출혈, 동맥경화 등 콜레스테롤의 축적으로 인한 혈관에 발생하는 성인병 예방에 좋다. 간의 피로를 풀어주어 음주량이 많은 사람들에게 좋으며 여성들의 피부미용에도 좋다고 알려져 있다.

그러기에 찾는 사람이 점차 많아지고 있다.

나물은 연한 잎을 따서 깨끗이 씻은 다음 물기를 살짝 빼고 무친다. 나물마다 무치는 법, 향과 맛을 돋우기 위해 넣는 양념이 다르고 넣는 순서도 다르다. 또 나물을 맛있게 무칠 줄 알면 요리를

더 배울 게 없다고 할 만큼 나물 무치는 데는 요령이 필요하다. 손가락의 힘을 빼고, 손가락 끝으로 무쳐야 제맛을 낼 수 있는데 손가락에 힘을 많이 주면 싱싱함과 향내가 없어진다. 또 조금 덜 무쳐도, 너무 무쳐도 맛이 달라진다.

이런 과정을 통해 탄생한 태평채는 그 웅숭깊은 손맛을 엿볼 수 있다.

맛있는 나물의 비법은 참을성이라 했다. 요즘 젊은이들의 성급한 미각으로는 나물의 향과 맛을 알 수 없다. 음식 맛은 손끝의 맛, 그릇 맛과 장맛이라 했다.

특히 우리 음식의 깊은 맛은 오래된 깊은 장맛이 결정한다. 그러므로 우리 조상들은 장독문화를 가장 귀하게 여겼고 이를 보존하는 고생을 아끼지 않았다. 그래서 맛과 얼을 이어가는 손끝에서는 고단함보다도 조상의 맛과 얼을 고스란히 이으려는 고운 신념이 묻어난다.

태평채를 무쳐내는 마음. 그 마음의 빛이 촛불처럼 은은히 빛나고 있다.

08 맹독성 복쟁이 (1)
-군산명물 복탕

군산항(1899년)은 개항된 지 111년이 되는 항구다. 긴 역사와 함께 서해안의 어항으로서 어시장엔 각종 어물이 싱싱하다. 그 중에 맹독성 복쟁이도 있어 식도락가들의 입맛을 유혹한다. 군산엔 대물림으로 유명한 복탕집이 있다.

복어는 배가 불쑥 나온 모양을 상징해 '복쟁이'라 한다. 이름만 듣고도 그 생김새를 그려볼 수 있을 만큼 친근함이 있는 고기이다.

나는 군산에선 얼큰하고 짜릿한 '복쟁이 탕'을 먹고 일본에선 '복 사스미'에 '히레자케' 술을 마시고 싶다.

'꽃도 가시가 있는 꽃이 더 아름답다.'는 말에 긍정은 가지만 혹시나 하는 마음에 조바심까지 발동한다.

복탕 애호가들은 "독주 한 잔에 복어 한 점을 입안에 넣으면 혀끝에 녹아드는 그 향취며 감미로움은 천상에 이르는 것 같다."고 말한다.

복쟁이 진맛!

까치복 까칠까칠한 껍질에 새겨진 무늬
아~ 그것은 달빛 부서지는 그림 바다
환상 속에 떠도는 생명의 인연으로
죽음보다 강한 맛!
천상의 무지갯빛 무늬다.

삼복날 녹두와 밤이 없는 삼계탕을 먹어본 사람은 녹두와 밤의 진미와 해독을 알지 못하고, 토란대 없는 보신탕을 먹은 사람은 토란의 진미와 향취 그리고 해독을 모른다.

그래서 오늘도 배가 불쑥 나온 사장 족의 복어를 그려보는데 복어의 맛을 극찬한 걸 어느 책에서 본 기억이 슬며시 떠오른다.

중국의 송나라 시인 소동파는 "복어는 먹고 싶고 목숨은 아깝다. 그 맛, 죽음과도 바꿀 가치가 있다. 이는 천계天界의 옥찬玉饌이다"라고 칭송했다고 한다.

제대로 된 복탕은 싱싱한 생물 복어로 정성과 기술을 가미해 미끈한 껍질까지 끓여야 제맛이다. 한 술 떠 입안에 넣으면 얼큰하면서 한마디로 복잡하고 미묘하다. 아니 한마디로 정의할 수 없는 미묘한 맛이다.

깊이가 있는 게 일반 생선탕과는 확실히 다르다. 금기했기 때문인가?

여러 가지 맛의 어울림, 가볍지가 않은 그 맛! 신비롭기까지 한 맛은 천상의 무게가 담겨진 맛이라고 강조하고 싶다.

그럼에도 불구하고 복어알의 독성에 대한 두려움 때문에 즐기지 못한 것이 사실이다.

이제 과학의 힘으로 복어의 중독에 대한 연구가 되었고 복어 알젓까지도 숙성시켜 약으로도 복용할 수 있게 되었으니 복탕을 즐겨 먹어도 두렵지 않으리라.

09 맹독성 복쟁이 (2)
— 복쟁이의 진맛

맹독성을 가진 복어를 우리 생활에 어떻게 활용할까? 오래전부터 관심을 갖은 국가들은 연구를 해왔다. 이런 의미에서 우리도 복어에 관한 연구를 강도 깊게 해 생활에 도움이 되고 외화도 획득했으면 하는 의미에서 알아본다.

어린 복어는 독성이 약하기 때문에 장어들에게 많이 먹히는데 점차 성숙해가는 복어는 불가사리를 먹음으로써 체내에 독이 쌓이게 되어 성숙한 복어는 천적이 거의 없다고 볼 수 있다.

이런 복어 종류는 우리나라의 근해에 아주 많은데 우선 대표적인 종류만 찾아본다.

복어의 대표로 '참복어'는 주로 고급의 복사스미로 뼈는 복지리로 사용한다. 생김새는 등 부위에 검은 반점이 있고 배는 하얀색으로 껍질엔 복가시가 까실까실하여 씹으면 특유한 맛이 있고 복어 중에 일등급이다.

다음은 '까치복'이다. 옆에 횡성으로 검은 줄이 있고 껍질에 복 가시가 까실까실하여 맛도 좋지만 맹독성이 있다.

그 다음은 '황복'인데 바다와 강을 오고 가면서 살고 양식도 가능하다. 다른 복처럼 껍질에 가시가 없고 배는 노란색을 띤다. 일부 사람들은 황복은 독이 없다고 단정한다. 그러나 바다에 가서 불가사리를 먹음으로써 독을 지닐 수도 있다는 것은 "나도 자연산 복어요." 하는 소리와 같이 구별하는 척도이다.

또 '밀복'이 있는데 황복처럼 껍질에 가시가 없고 매끈해 복이란 기분이 덜 난다. 그리고 '은복어'도 있는데 등쪽 검은 부위가 은백색을 내며 좀 귀한 편이다. 그 다음엔 '졸복'이 심심치 않게 보인다. '별복' '흰복', '청복', '개복치', '가자주복', '검복'등이 있다.

주로 먹는 복어는 참복, 까치복, 황복, 밀복, 쫄복 순이다.

안심하고 먹을 수 있는 부위는 살코기, 속껍질, 연한뼈살, 머리뼈, 갈비, 가운데 뼈, 등지느러미, 배지느러미, 꼬리, 가슴지느러미, 겉껍질이다.

복어는 내부 아가미, 심장, 신장, 비장, 담낭, 방광, 난소, 정소, 알과 혈액에 독소가 있어 먹을 수 없다. 특히 요리할 때 칼을 셋 정도는 사용해야 한다. 그 이유는 첫째 칼만 혈액이 묻고 나머지 칼은 절대 혈액이 묻으면 위험하다는 것쯤은 알고 요리해야 한다.

왜 이렇게 조심해야 하는지 독에 대하여 알아보면 복어 독은 '테트로드 톡신'으로서 난소에 가장 많고 간, 내장, 혈액, 피부 순으로 함유되어 있다.

독성이 강하고 물에 녹지 않으며 열에 강하여 100℃ 이상 끓여도 파괴되지 않는다. 아무리 끓이고 끓여도 제독과 멀다는 상식을 알아두는 것이 좋다.

만약 중독이 되면 복어 먹은 후 일찍은 30분에서 아주 늦게는 3시간 만에 발병한다. 증상은 잇몸에서 시작한다. 이를 상하로 딱딱 부딪치면 감각이 없다. 이때는 잠을 자지 말아야 한다. 잠이 곧 죽음이다. 이땐 남청 잎을 잘근잘근 씹으면 차차 풀린다.

복어 독의 치사량은 2mg으로 치사율이 높아 60%에 이른다. 복어 한 마리 독은 성인 33명의 목숨을 앗아갈 정도다.

선조들은 민간요법으로 복어 알을 은건해 그 가루를 화농성과 피부염에 처방했다.

세계에서 복어의 테트로도 톡신과 자이언트 두꺼비의 침, 그리고 독말풀의 진액을 연구하는데 복어에 대한 연구는 단연 일본이 으뜸이다.

과거엔 복어는 잡히는 대로 일본에 수출하였다. 일본은 그 복어로 요리해 '복사스미'와 소스의 독특한 맛과 접시에 꾸며낸 작품의 멋을 겸비해 세계 관광객을 매혹시켰다.

주방장이 손수 복어 지느러미를 구워서 말고 살 한 점을 정종에 넣어서 팔팔 끓여 만든 술이 '히레자케'다. 이 술을 맥주잔에 칠 부쯤 부어 소스를 바른 복사스미 한 점과 조금씩 마시는 맛은 가히 환상이다.

첫째 요리의 '복사스미'는 맛있는 부위의 살을 백짓장처럼 얇게 떠서 보기 좋게 5장을 놓고 그 옆엔 복 겉껍질을 아름다운 모양으로 썰어서 작품을 만든다. 이 작품을 소스에 찍어 먹는다.

둘째 요리의 '복사스미'는 첫째와 같고 다른 점은 복 겉껍질을 가시를 제거한 후 끓는 물에 넣어 잠깐 익히고 얼음물에 바로 넣어서 신속하게 식혀 아름다운 모양으로 작품을 만든 것인데 특별히 쫄깃쫄깃한 맛으로 먹는다.

이 두 가지와 미나리, 파를 얇게 썬 것을 함께 말아서 소스에 찍어 먹는 맛과 멋, 그리고 그윽한 향을 살리는 기술이야말로 일본 요리사의 칼끝의 맛이다. 대를 이어 종사하는 특별한 그들의 맛이다.

'복사스미' 접시 아래엔 항시 남천 잎이 두 장 있다. 이 남천의 잎은 멋으로 놓인 것이 아니라 복 중독에 대한 사전 예방책의 비밀인 것이다.

우리나라 사람들은 미나리와 파는 알아도 남천 잎은 일본에만 있는 것으로 알고 유명한 복탕 집에서는 한때 수입도 했다.

지금도 복요리에 미나리를 넣어야만 제독이 되는 줄 알고 열심히 "미나리 더 줘요." 하며 찾는다. 아직까지도 남천 잎을 사용하지 못하고 있는 현실이 아쉽다.

10 인천강의 풍천장어

늘 일과 시간에 쫓기면서 어떻게 살아왔는지 분별조차 힘든 세월이었다. 교사 생활 26년 만에 승진 시험이란 장벽에 부딪쳐 전전긍긍할 때, 사형선고나 다름 없는 위암과 신경염, 그리고 선천성 고혈압의 합병증이 나를 세차게 휘몰아쳤다. 그 무렵 주위 일가친척 그리고 처가와 친우들까지도 "교감 시험을 포기하고 편히 살아라."고 했다. 그러나 7일 남은 시험인지라 절대로 포기는 할 수 없었다. 바로 그날 입원실에서 선운사 풍천장어 집까지 007작전에 성공한 형님이 계셨다. 그땐 간판이 없는 집이어도 진짜 풍천장어를 요리하는 집이었다.

기억 속에는 젊은 청년이 긴 장대에 엑스자 형 쇠를 단 작살을 들고서 강물과 만나는 바닷물 속에서 가슴까지 적시면서 잡아온 장어였다. 세월과 생활 속에 묻혀버린 과거지만 새삼스레 향으로 싱그럽게 번져온다.

풍천장어(豊川長魚 : an eel)는 강에서 3~4년 자란 뒤 아무것도 먹지 않고 머나먼 필리핀 해구까지 헤엄쳐 간다고 한다. 그 정력은 놀랄 만한 것이며 가히 신비적인 에너지를 소지한 고기였다. 그래서였는지 이후에 힘을 잡고 또 시험도 합격해 우연인가! 인연인가!

고창 땅 선운사 근처 심원면 초등학교로 교감 승진하여 만 3년간 다녔다. 그러나 그땐 변화가 별로 없었다. 그 후에 7년간 시내에서 근무하다가 교장으로 승진되어 다시 고창 땅을 밟으니 선운사 길이 넓게 변화가 되고 양쪽엔 음식점 수십여 개가 모두 '풍천장어'란 상호를 달고 있었다.

양식 장어라 여름철엔 마이신을 먹여 썩은 대추알을 씹듯 씁쓰레할 때가 있다. 간판만 현란스럽고 주인 얼굴은 허울 좋은 개살구 빛이요, 닭 잡아 먹고 오리발을 내미는 격이 아니던가!

예로부터 여름철 보신 식품으로 전래되고 있는 것이 많은데 그중의 하나가 장어이다. 비타민과 단백질 그리고 지방이 풍부한 장어는 생김새가 뱀 같아서 우리나라에서는 뱀장어라고 부르기도 한다. 전남, 전북, 충남, 경기, 경남, 제주의 연안에 자생하고 있는데 그 종류는 20여 종이나 된다.

민물에서 많이 사는 뱀장어는 암컷 한 마리가 칠백만 내지 일천이백만 개의 알을 낳는다. 필리핀 해구에서 산란하고 바다에서 1년간 생활하다가 민물로 올라온다. 실뱀장어는 1kg이면 3천 마리 이상이나 되는데 양만장에서 기른다. 그리고 일본, 대만에 수출도 한다.

장어는 참장어과로 몸길이는 60㎝ 가량이다. 뒤쪽이 납작하고 잔비늘로 몸통이 덮였으며 옆줄이 분명하고 배지느러미가 없고 눈이 아주 작다. 몸빛은 암갈색에 아랫부분은 은백색이다. 민물이 많이 섞인 고창 선운사 입구 강어귀에서 많이 자생하는 장어를 '풍천장어'라고 한다.

장어는 필수아미노산이 골고루 들어 있어 영양가가 매우 높다. 인간은 단백질의 공급 없이 건강을 유지할 수 없다. 인체는 신진대사에 의해 생명이 유지된다. 즉 새롭게 만드는 동화同化작용과 파괴되는 이화異化작용에 의해 인체는 파괴와 생성이 병행하는 것이다.

특히 비타민 A는 일반 식품 중 장어를 따라갈 것이 없다. 지금까지 알려진 비타민 A는 항암효과가 있다고 전해지고 있다. 영국 Wold 박사가 일만 육천 명을 대상으로 조사한 결과 '낮은 수준의 비타민 A는 암에 걸리기 쉽다.'고 했다.

혈청 속에 비타민 A가 낮게 나타난 사람일수록 암 발생률이 높은 것으로 나타났다. 장어는 비타민 E도 풍부하다. 체내에서 불포화 지방산의 산화 작용을 억제하고 혈관에 활력을 불어넣어 줄 뿐만 아니라 피부가 거칠어지는 것을 예방하고 노화 방지에도 효과가 있다고 한다.

특히 한방의 전문가들은 장어를 먹는 후 복숭아 섭취는 금기 시키니 꼭 이행하기 바란다.

맑은 공기와 신선한 바람이 상그럽고, 봄비는 흐트러진 봄 냄새를 몰고온다. 풍천장어는 옛 혼을 타고 숨을 쉬었기에 고향 길 수

천만 리 멀다 않고 찾아온다. 그런 향기로움이 퍼지는 산야에는 작설차의 뾰족한 새순과 복분자 꽃이 만발하여 선운사 계곡을 단장한다. 풍천장어 집 간판의 '나도 한 몫' 소리에 어항 속 장어들은 한나절 햇살을 받은 은빛 작은 눈을 감는다.

11 변산반도 어성초와 멸치

호남정맥에서 나뉘어 온 하나의 산줄기가 서해로 뻗어나와 변산반도를 이뤄 의상봉(509m), 신선봉(486m), 쌍선봉(459m)으로 우뚝 솟고 기암괴석에 직소폭포, 봉래구곡, 낙조대를 이루었다.

『삼국유사』에 의하면 卞山이었는데 邊山으로 변했다고 하며 내소사의 일주문에 쓰인 '승가산'이라 함은 '범어로 들어가기 힘들다.'는 뜻이라 한다. 『신증동국여지승람』에 변산 물산이 풍부하다는 뜻으로 천부天府라 했다. 변산반도의 짭짤한 바람 속에서 어성초를 발견했으니 과연 신비로움이라 할까, 신기함이라할까! 기쁜 마음에 구별을 못했다.

어성초魚腥草는 잎을 비비면 생선비린내가 나기 때문에 붙은 이름이다. 중국의 진秦나라에서는 저자菹子, 즉 젓갈과 같은 냄새가 나는 식물로 저菹는 즙蕺과 음이 비슷하여 즙채라고 부르게 되었다.

생김새는 줄기에 세로 주름이 있고 마디가 분명하다. 밑의 마디에는 가는 뿌리가 있고 질은 무르며 꺾여지기 쉽다. 잎은 말리거나 쭈그러져 펴면 심장형이 되어 있다. 잎끝이 뾰족하고 윗면은 어두운 황록색이나 황갈색이고 아랫면은 회녹색이나 회갈색이다. 잎의 맛은 맵고 성질은 약간 차다.

서해안 칠산바다는 각종 어류가 많았다. 그 중에 새우와 멸치가 유명해 곰소젓갈은 현재까지 유명하다. 그럼 멸치가 뼈대를 자랑했다는 이야기를 들어보자. 등골뼈가 44개, 볼기 뼈가 46개 모두 합하여 백 개의 뼈가 있으니 뼈대 있는 양반 중의 양반이라며 낮잠을 자다가 꿈을 꾸었다. 나는 멸치의 뼈가 몇 개인지 사실 몰랐다. 정말인지 확인도 하지 않았다.

자신의 몸뚱이가 하늘로 올라갔다 내려갔다 하더니 흰 구름이 뭉게뭉게 피어나고 눈이 펑펑 쏟아졌다. 또 갑자기 날씨가 더워졌다, 시원해졌다, 하더니 몸뚱이가 뜨거워졌다, 추워졌다, 하는 꿈을 꾸었다고 망둥이에게 이야기하니 망둥어는 "예, 참 좋은 꿈입니다. 곧 용이 되어 하늘로 오르실 꿈입니다. 꿈에 하늘로 올라갔다, 내려갔다 하는 것은 용이 아니고선 할 수 없는 일이 아니겠습니까. 그리고 용이 조화를 부리면 눈비가 오고 날씨가 추웠다 더웠다 하는 것은 당연한 이치 아니겠습니까."라고 말했다.

이 말을 듣던 가자미가 말한다.

하늘로 올라갔다, 내려갔다, 한 것은 낚싯바늘에 걸렸으니 그럴게고 저녁 반찬에 쓰려고 석쇠에 올려놓으니 연기와 김이 무럭무럭 날 것이며 짭짜름하게 간을 맞추려면 하얀 소금을 뿌려야 하니 눈이 펑펑 쏟아질 건 당연한 것이 아니더냐? 잘 익으라고 부채질을 하니 더웠다 추웠다 할 것은 뻔한 일이다.

이 말에 기겁을 한 멸치는 열 받치어 소리 지르다 눈알이 튀어나왔고, 망둥이는 헤엄칠 사이도 없이 펄떡펄떡 뛰어 도망갔다. 지금도 그때 놀란 가슴으로 망둥이는 뛰고 있으며 가자미는 눈을 옆으로 꼬고 앉았다가 아직도 제자리로 안 돌아가 눈이 옆으로 붙어 있다.

메기는 망둥이의 발에 밟히어 머리가 납작해졌으며 문어는 저도 눈이 옆으로 돌아갈까 봐 빨리 눈을 떼어 엉덩이에 붙였고 병어는 무슨 변을 당할지 몰라 입을 틀어막다가 주둥이가 그 모양이 되었다고 한다. 그래서 이들 물고기들은 비린내가 많이 난다.

우리나라에서는 '어성초', 일본에서는 '십약十藥', 중국에서는 '전초'라 하는데 한방에서 해열, 폐 농양으로 인한 기침, 피고름을 토할 때, 폐렴, 급만성 기관지염, 장염, 요로감염증, 종기에 쓰며, 열이 많고 소변을 못 볼 때 사용한다.

어성초의 비릿한 냄새를 맡으면서 변산반도 일주를 한다. 곰소의 소금과 새우, 멸치 등의 풍성한 어물로 젓을 담는다. 짭조름하며 곰삭은 젓갈! 입맛을 다시면 짭짤하고 구수한 젓갈 맛에 취하고 지혜와 정성에 취한다.

젓갈이 숙성하는 과정에서 풍기는 냄새는 산속의 어성초를 닮아서 어쩌면 그렇게 비슷한 냄새가 풍길꼬! 아름다운 변산반도여!

제 2 장 | 토향의 멋

01 전주의 멋 풍유인생!
– 모시풀의 인생

전주 전통문화센터에서 국악 공연이 있었다. 무대 위의 주인공들은 하나같이 고유의 멋, 단아함, 생동감, 율동미가 넘치는 조화로움과 풍유로움이 깃들어 아름다운 모습이었다.

남성의 두루마기나 도포에는 풍성한 선의 흐름에 넉넉한 장부의 마음까지 여유롭게 표출한 미를 엿볼 수 있었다.

여인의 정갈하게 다려 입은 모시치마 저고리에서는 우아하고 청아한 맵시가 살포시 관객의 속마음으로 스며들었다.

전주의 전통적인 모시의 혼(넋)은 잠적해 찾기 어렵지만 옛 모습처럼 사라진 그 비법을 찾아본다.

모시풀은 건지산을 비롯해 산지 곳곳에서 자란다. 그러나 인공으로 재배하여 잎은 모시개떡으로 만들고 줄기는 모시 재질감으로 사용한다.

첫째, 초물은 4월 말에서 5월 초이며. 두물은 6월 말 내지 7월

초이고. 세물은 8월 말에서 9월 초로 세 번 수확하는데 두물의 통통하게 살찐 대 껍질이 일품이다.

둘째, 모시 대를 거두어들이는데 밑의 첫 잎이 시들어 말라버릴 때가 가장 좋은 시기다. 모시풀은 겉껍질을 벗기고 질긴 속껍질을 원료로 하는데 이것을 '태모시'라 하며 모시 짜는 과정의 시작이다. 모시를 한 올씩 왼손 엄지에 휘감아 쥐고 오른손 손톱 끝으로 모시올 머리 쪽에서부터 꼬집듯이 쪼개고 손가락 사이사이에 넣어 훑는다. 굵은 듯하면 다시 이빨로 한 올 한 올 가늘고 길게 쪼개는 일이라 입술에 흉터까지 남았다. 이것을 쩐지에 걸어놓고 무릎과 허벅지 사이의 살에 손바닥으로 비벼 말아서 날줄과 씨줄을 만드는 작업이다.

셋째, 끄시랑코가 너무 팽팽하면 작업은 쉬운데 끊어지고 느슨하면 작업이 느리다. 그래서 팽팽하도록 조절하는 경험이 필요하다.

넷째, 생 콩을 물에 담가 이튿날 맷돌에 간 콩물을 알맞게 개어놓고 바디로 모시올을 조절한 다음 풀솔이 움직이는 부분의 바로 밑에 약 30cm의 간격을 두고 멥겨 불을 놓는다. 이것은 은근하게 마르도록 하기 위함인데 여기에 오랫동안의 경험이 필요하다.

다섯째, 알맞은 온도를 손끝으로 찾아내는 것이 비법 중의 핵심이다. 도투마리 사이에 가는 시누대를 넣어가며 감는데 도투마리를 한 번 감을 때마다 끄시랑코가 가까워지면 다시 갈아서 도투마리와 끄시랑코 사이를 빠짐없이 풀칠해 나간다.

여섯째, 짬도 모르고 끝도 없이 베틀 앞에 앉아 있지만, 바람이 불거나 비 오는 날에는 이 작업을 금해야 한다.

일곱째, 생명을 불어넣기 위해서 애살포오시 웃음 지우며 물뿌리개로 날줄의 마른 부분을 적시는데 습도가 높아도 안 되고 낮아도 안 되는 아주 중요한 삶의 호흡을 손끝의 촉감으로 조절하는 것이 중요하다.

여덟째, 습도의 공급이 부족하면 끊어지기 때문에 '세모시'는 한 올 한 올에 피가 통하기 위해 아무리 더운 여름철이라도 통풍이 안 되어 가슴이 칵칵 막히고 전신이 저릿하게 저려 와 흔들거림 속에서도 움집을 고집하며 짜야만 했다.

그러기에 모시풀 인생들은 눈이 짓물러 아픔을 감추고 참다가 피멍 들어 처음엔 모시잎같이 연초록이 점점 짙어져 멥겨 불에 붉게 익혀지고 은근히 치솟는 열기로 탄 가슴은 검정이 되더니 통풍이 되지 않은 곳에서는 골수가 빠지고 뼈골마저 타고 타 남은 재가 새하얀 가슴뿐이다. 또한 이 무대 위의 인생들도 여기에 지지 않게 많은 시간과 노력을 했기에 우리의 넋(혼)이 살아 숨 쉬는 듯 나왔으리라 비유해 조심스럽게 머릿속에 그려본다.

올올의 모시옷과 전주 사랑 1,000년을 이어온 전주 예술인들의 넋(혼)이 깃든 풍유가 앞으로 대를 열정적으로 이어가기를 고이 빌어본다.

02 팔덕을 갖춘 전주부채 (1)
– 오고 가는 정의 부채

속담에 “단오 선물은 부채로 하고, 동지 선물은 달력으로 한다.”는 것은 오고 가는 정! 주는 정과 받는 정으로 정의 부채다. 그 원리는 손동작이 부채로 전달되어 작용과 반작용으로 얻어지는 바람이다. 세게 작용하면 센 바람이 나오고, 약하게 작용하면 약한 바람이 나오는 부채를 보며 주는 정에서 돌아오는 정을 상상하면서 부채를 부쳐본다.

전주 산 쥘부채에 삼 년 걸려 그린 정성
세월이 접어들수록 강암의 넋 살고
평시에 품었던 우정 향과 함께 풍기네

– 구름재 박병순

우리나라 사전에 ‘손목’이 『계림유사』에 선扇을 부채孛采라 했다.

이 부채는 전주의 특산물로서 알려졌다. 양반은 물론 무당의 부채, 판소리 광대의 부채와 마술사의 부채까지 전주지방의 풍속도였다.

이런 부채는 고려 때부터 만들어졌는데 특히 이 지방에서 주로 생산되었다는 것은 최고의 기술과 최고의 품질을 인정한 부채다. 그래서 조선왕조 때에는 선자청扇子廳, 지소청紙所廳이 있었다. 선자청은 부채의 진공용을 생산 관리하는 기관으로 필요한 수량을 선상인에게 청부시켜 만들어진 부채를 공조를 통해 임금에 진상하면 임금은 친히 재상에게 하사하며 재상은 아랫사람에게 정을 담아 나누어 주는 부채였다.

이런 부채의 종류는 대표적으로 방구부채다. 부채 살에 끝을 휘어 오동나무 맥 모양으로 만들면 오엽선이고, 부채 모양을 파초잎 모양으로 만들면 파초선이다. 왕골, 갯버들, 덩클 따위로 얽어 만든 들부채도 있고 아이들이 부치는 작은 모양의 아선과 공작의 깃으로 만든 공작선 등이 있다.

다음은 오늘날 가장 많이 사용한 태극선이다. 방구부채의 일종으로 중앙에 태극모양을 그려 만든 것인데 살을 만드는 대나무와 손잡이를 만드는 나무를 선정해 80개 살 위에 풀칠을 하고 그 선면을 바른 후 태극무늬와 비단헝겊을 배접한다. 또 재단된 선면의 갓은 선지로 테두리를 정리하면 끝으로 손잡이에 못을 박아 고정시키면 태극선이 완성된다.

그 다음에 합죽선은 접선의 일종이다. 대나무의 피만 두 개를 맞붙여 만드는 방법이다. 접선은 대개 이러한 합죽의 방법으로 만들었기에 합죽선이라고 본다. 가장 많이 쓰이고 있는 것으로 부채

살이 희고 선명하여 백선이다. 부챗살과 선면에 옻칠을 한 칠선, 기름을 먹인 유선, 선면에 여러 가지 꽃을 그린 화선, 선면이 희고 갓대에 낙죽을 그리지 않고 주로 상중에 쓰이는 상선 등 여러 가지 종류가 있다.

그 장인들의 일거일동을 보면 먼저 대를 선별하여 음력 7월 15일 백중절 전후 1개월간이 제일 좋고 다음은 10월에서 이듬해 2월까지 선정한 대를 적당한 길이로 끊어 진을 빼는 일부터 시작하며 양잿물에 넣고 삶아 대를 곱게 표백한다.

40개로 된 부챗살을 만드는 끝살을 부레풀로 맞붙여 합죽한다. 부레풀은 민어의 부레를 삶아 만든 풀인데 빨리 굳어지지 않고 접착력이 강하기 때문에 사용한다. 간자는 원래 옛날에는 물소 뿔, 오수목으로 했으나 값도 비싸고 구하기도 힘들어 주로 버드나무를 얇고 가느다랗게 끊어 검은 물을 들여 사용한다.

다음은 골선방骨扇房에서 합죽한 부채에 인두로 박쥐, 점박이 등의 무늬를 새겨 넣고 단절엔 매화, 쪽매화, 새, 십장생 문양을 수놓은 낙죽방烙竹房이다. 살 하나하나 물로 닦아 때를 빼내고 둥글게 굴리면서 윤을 내는 광방光房이다. 이 작업이 끝나면 화선지에 산수나 화조를 그려 넣는 그림방이고 부채에 선지를 바르는 도배방이 있다. 그리고 부채의 목을 묶어 부채의 형틀을 고정시키는 사복방을 거치는 작업은 정성들인 수공과정 없이 기계로는 결코 생산할 수 없다.

기계화되고 산업사회의 발전에 문명의 물결이 변화하더라도 아직도 전통의 뿌리는 상존하여 태극선 생산지는 반석리(서학동)와

가재미골(인후동)에서 명맥을 이어가고 있다.

그러기에 기능공이 필요했고 수많은 땀과 피나는 노력의 값으로 기능보유자가 되니 그들을 존경하고 대우를 아끼지 말자.

03 팔덕을 갖춘 전주부채 (2)
– 비유와 상징적인 부채

무대에서 화관에 당의를 입고 화사한 분위기를 내며 부채를 펴고 접고 돌리고 뿌리면서 아름다운 꽃 모양과 파도 모양을 표현하는 부채의 우아한 선을 잘 살린 부채춤에서 신기함을 보았다.

부채 자체의 위풍과 부채의 동작으로 소리의 극적 효과가 얼마나 큰 마력을 일으키고 매력을 자아내고 있는가를 처음 느꼈었다.

목청을 갑자기 높일 필요가 있을 때에 부채를 순간적으로 펴 들면 시각과 청각의 만남으로 큰 효과를 볼 수 있다. 서서히 접어 나가면 여유를 보이며 감성 효과가 보다 실감나게 발휘된다. 위에서 아래로 내리 접으면 단성 효과가 커지고, 펴 들고 하느작거리면 소리의 완곡 효과와 움직임의 미감까지도 커진다는 점을 알고 무대 앞에 다가가 감상하면 더욱더 감동이 클 것이다.

그런가 하면 농사에 필요한 비구름도 날려 보내는 발상으로 부채는 벽사의 기능도 있었다. 문종, 선종, 숙종, 충령왕 때에 가뭄이 심하여 부채를 쓰지 못하도록 금지령을 내렸다는 기록이 남았다.

왜! 양반은 겨울에도 부채를 들고 다닐까? 그리고 외국인들이 이걸 보고 무엇을 느꼈을까?

양반 신분으로 말을 타고 가거나 걸어가면 신분이 낮은 상민이나 천민은 길을 비켜 읍하고 서 있거나 말을 탔으면 하마하였다. 이때 신분이 낮은 상대방의 번거로움을 덜어 주기 위하여 양반은 부채로 얼굴을 반쯤 가려 신분을 은폐하고 지나가면 읍하거나 하마하지 않아도 되기 때문이었다. 법도를 배려하여 신분을 가리는 상징적 도구로 부채를 이용한 미덕은 정치인이라면 누구나 배울 점이요, 민중을 위한 목민의 태도가 아닐까 싶다.

지눌이 혜심을 처음 만났을 때 들고 있던 부채를 주었다

이에 혜심은 이렇게 읊었다.

> 전에는 스승의 손에 있던 것
> 지금은 제자 손바닥에 왔네
> 만약 미친 듯 달리면
> 맑은 바람 부쳐 일으켜도 무방하리

이 일을 두고 사람들은 부채를 전함으로써 도를 전수했다고 전한다.

그런가 하면 쥘부채는 펴지고 접히는 구조인데 이 개폐의 구조는 여인의 정조에 비유해 정조를 지키고 변절하지 말고 기다리라는 사랑의 약속과 그 약속의 신물(信物)로서 부채를 주고받는 풍속이

었다.

그런가 하면 기생은 자신의 화선을 접어 넌지시 임 앞에 밀어 놓았다.

그런가 하면 『금오신화金鰲新話』 중 「만복사저포기萬福寺樗蒲記」에서 양생에게 여인이 준 이별시에 "비단부채가 맑은 가을 하늘을 원망하는 일은 하지 마세요."라는 구절이 있다. 이는 가을의 부채처럼 자신을 홀대하지 말라는 뜻이다. 따라서 가을날의 부채는 소박당한 여인을 상징한다.

그리고 우리 민요에 "가을에 곡식 팔아 첩을 사고, 오뉴월이 되니 첩 팔아 부채 산다."는 구절이 있다. 여름에는 무엇보다도 부채가 제일임을 표현한 것이다.

신미양요 때 강화도 광선포대에서 결전을 했는데, 전투 전에 병사들이 원형의 부챗살에 각기 이름을 적어 일심선一心扇을 만듦으로써 공생공사를 결의하였다. 그 일심선은 미국 해군의 노획물이 되어 오늘날 미국 아나폴리스의 해군사관학교에 전시되어 있다.

이와는 반대로 단심선丹心扇도 있다. 자신의 충성, 효성, 의리가 일편단심이라는 뜻을 부채에 적어 둔 것이다. 임진왜란 때, 왜적의 갑작스러운 침략으로 동래부가 함락되자 동래부사 송상현은 자결 순직하였다. 그는 자결 직전에 백선에 자신의 뜻을 적어 아버지에게 보냈다고 한다.

孤城月暈　외로운 성에 달무리 졌는데
列陣高枕　열읍군진은 베개를 높였다

君臣義重　군신의 의는 무겁고
夫子恩輕　부자의 은혜는 가볍다.

이런 부채는 여덟 가지 덕을 갖추고 있다고 한다.

첫째, 바람을 일으켜 더위를 쫓고, 둘째, 방석으로 사용하며, 셋째, 밥상 구실도 하고, 넷째, 머리에 이고 다른 물건을 얹어 나를 수 있으며, 다섯째, 차일 구실을 하고, 여섯째, 비를 막으며, 일곱째, 파리나 모기를 쫓고, 여덟째, 얼굴을 가리는 차면 구실을 한다는 것이다.

이런 부채에 부챗살이 10골에서 60골에 이르기까지 다양하다. 이는 신분, 벼슬의 품수에 따라 달랐다고 하니 그 얼마나 상징적인가 생각할 수 있다.

이런 팔덕을 갖춘 부채요, 오고 가는 정의 부채가 선풍기, 에어컨디셔너에 밀려 부채의 수요는 점점 감소하고 있으나 다행히 관광객의 선물, 특산품으로 여유와 멋을 찾는 사람에게 장식품으로 사용하고 있는 실정이니 새로운 아이디어 개발로 명맥을 유지하길 바란다.

04 팔덕을 갖춘 전주부채 (3)
– 외국의 비유와 상징적인 부채

한자 '扇'자는 삽짝문을 뜻하는 '戶'와 새의 날개 깃을 뜻하는 '羽'가 합쳐져 된 회의문자로 삽짝문에 새 깃을 엮어 만든 '부채'를 뜻한다.(이규태)

중국문헌 『배계어림』에 제갈량은 백우선白羽扇을 들고 삼군을 지휘했다는 대목이 있는 것으로 미루어 지휘봉으로 상징한 역사적 근거였다.

원수 문득 생각하고
백학선을 들어 사면을 향하여 부치니
홀연 광풍이 대작하매 병력이 진동하고
모진 빙설과 성이 천지에 진동하더라.

「백학선전」

또한 청의 선관이 부채를 주며 왈,
"이것을 가지면 천 리라도 하루에 가리라."

「금방울전」

「백학선전」에서 조언하는 부채의 도움으로 적을 물리쳤고 「금방울전」에서는 금방울의 어머니 막씨가 선관에게서 신통력이 있는 부채를 선물로 받았는데 이는 도술에 의한 초능력 행사에 부채가 쓰인 것이다.

순舜은 요堯에게서 왕권을 물려받고, 널리 눈과 귀를 열어 어진 사람을 구해 보필하도록 한다는 뜻에서 오명선五明扇을 만들었고 그 후, 진秦과 한漢나라의 통치자들도 이 오명선을 지니었다.

오명선의 오명이 뜻하는 바가 무엇인지 문헌에서 찾아볼 수는 없으나 정치를 밝게 한다는 뜻으로 보인다. 주周나라 무제을 비롯하여 양梁, 위魏, 진晉의 모든 임금이 꿩 깃으로 만든 부채인 치우선雉羽扇을 지녔던 것으로 미루어 부채는 통치권의 상징이었음을 알 수 있다.

수령이나 무관 등은 반드시 부채를 휴대했는데 이는 납량용이 아니라 손가락 대신 지시함으로서 지휘하기 위한 도구였다. 부채를 내리침으로써 응징 또는 견책을 표하거나 폈다 접었다 함으로써 아랫사람에게 불편한 심기를 표현했다는 것이다.(李慧淳)

한 성제의 후궁 반여첩는 「원가행」에서 "제나라 흰 비단을 새로이 쪼개니 희고 깨끗하기 서리와 눈 같네. 마름질하여 합화선을 만드니 둥글기 명월 같구나. 그대 품속에 들어가 서늘한 바람 일으키는데 항상 두렵기는 가을이 와서 서늘한 바람이 더위를 빼앗아 가면 상자 속에 내버려 은혜와 정이 중도에 끊어지는 것이다." 라고 애정을 상징했다.

또한 일본의 경우를 보면 부채가 사악한 기운이나 더러움을 없애는 제사나 의식에 사용되었다. 후에 기예를 전수받는 때 부채를 사장이 수여함으로써 오의를 전수하는 형식을 치렀으며 또 군배단선軍配團扇이 있어 서늘한 바람을 불러일으키기도 하고 모기와 파리 떼를 쫓기도 했다. 또한 군졸을 통솔할 때 지휘봉 역할을 하였고 화살을 피할 때는 방패 역할도 했다.

또 서양에선 부채를 어떻게 사용했을까?

이탈리아 보스턴 미술관에서 부채를 보았다. 해설가의 말에 의하면 플러베럼(Flabellum)으로 악마를 쫓는 바람이란다. 이 상징적 의미를 가지고 있는 것은 우리 한국보다도 더 악마를 쫓기 위해 상비의 기물로 중요시했다.

그런가 하면 영국의 엘리자베스 여왕 때에는 사랑하는 남자에게 접근하여 미리 짐작해 부채를 떨어뜨려 줍게 함으로써 사랑을 표하는 풍습이 있었다.

말라르메(Mallarme, S)의 시 플라셀 퓌틸(Placet Futile)에 '사랑은 부채의 날개를 타고'라는 시구에서도 알 수 있었다.

18세기에는 부채의 조작으로 어려운 의사 표시를 행하는 문화가 발달해 부채말[扇語]이 있었다. 에스파니아에는 부채말 사전이 있었고 영국에는 신사 숙녀를 위한 부채말 학원까지 있었다고 한다.

예를 들어 보면 부채를 입술에 갖다 대면 "기회가 주어지면 당신에게 키스를 허용한다."는 뜻이고, 부채 끈을 오른손에 걸고 부채를 접은 채 들고 있으면 "나는 연인을 구하는 중입니다."라는 뜻이며, 부채로 앞머리를 문지르면 "지금 당신 생각을 하고 있다.", 부채를 펴서 얼굴을 가리면 "당신을 진정으로 싫어 한다."는 뜻이다.

이는 우리의 부채가 팔덕을 갖춘 것과 동서양이 어쩜 고로코름 같은 점이 많아 비유와 상징으로 인지상정이다. 한지의 장점을 살리고 기능공의 솜씨를 첨가해 전주의 부채가 세계의 부채가 되길 바란다.

05 전주의 '한지' (1)

닥나무[楮木]를 원료로 한 양질의 한지(苔紙 : 태지, 구이면)가 전라도 14개 특산물 중에 7종의 진상품으로 전주의 대표로 선정되었다. 그래서 매달 그리고 설날, 단오 및 하지로 도합 15회에 걸쳐 궁궐에 납품하는 것이 진상품 전주한지였다.

전통공예를 전국을 통하여 예시한 이규경의 『오주연문장전산고』와 빙어당 이씨의 『규합총서』에 기술된 '8도 유명 물산조'를 살펴보면 전주지, 순창지, 광주지, 남원지, 화순상화지가 기록되어 있다.

우리나라 진상제도는 삼국시대 중국의 율령제도를 본따서 시작된 것으로 추측되지만 뚜렷한 기록이나 근거는 없다.

그러나 삼국시대에 중국에 특산품을 공물이라는 이름으로 바쳤던 사실 등으로 미루어 볼 때, 이 시대부터 시행되었을 것으로 짐작이 간다.

어느 학자는 고려시대 진상제도로 처음에는 지방 관민이 자발적으로 헌상하던 것인데 후에 강제로 거두게 된 것이라고 조선시대에도 태조 이후 대대로 이 제도가 존재했다.

그런 진상의 종류는 다음과 같다.

제향천신진상祭享薦新進上 : 국가의 각종 제사에 소용되는 제물을 상납.
물선진상物膳進上 : 식료품을 왕실에 공상.
방물진상方物進上 : 명일 혹은 임금의 행차 때에 병기, 기구, 등 방물을 공상.
약재진상藥材進上 : 각종 의료기관에 향약을 납부.
별진상別進上 : 그 밖에 임시로 바치는 물건.
사헌私獻 : 개별적으로 바치는 것.

그런데 전주관아에서는 중간의 간사한 아전들이 착복할 몫까지 포함해서 백성들의 인권을 무시하고 채취, 조제하도록 했다. 수백년에 걸쳐서 무고한 백성들은 조세와 함께 이중의 부담을 감수할 수밖에 없었다. 그 한 예로 평양에선 기생들의 권세가 극상에 달했고, 전라도는 아전들의 권세가 극상에 달해서 백성들이 편히 살 수 없을 지경이었다.

그 결과 한지 분야엔 시도 지정 무형문화재 보유자가 한 사람도 없다는 사실은 얼마나 부끄럽고 창피한 노릇인가!

그래서 기술을 생명보다 더 귀하게 여긴 장인들의 고뇌를 살펴본다.

한지를 진상품으로 하기 위해 매년 10월에서 3월 사이에 베어낸 생 닥나무를 솥에 재여 밀봉하고, 불을 피워 수증기에 6~7시간 쪄낸다. 그리고 건조한 흑피를 물에 하루 정도 담가서 표피를 벗기기 좋게 하여 칼판 위에 흑피를 놓고 닥칼로 껍질을 벗겨내어 하얀 백닥을 만든다.

다음엔 물에 불린 백닥을 약 30cm 길이로 잘라 천연 잿물을 넣은 닥솥에 약 2시간 정도 삶는다.

그리고 깨끗이 티를 골라낸 닥을 널따란 닥돌 위에 올려놓고 닥방망이로 2~4시간 동안 곤죽이 될 때까지 두들겨 죽같이 만든다.

닥죽을 지통에 물과 함께 넣고 대 막대로 200번 정도 세게 저어줄 때는 거의 죽을 힘마저 다 쓸 정도로 눈알이 뒤집혀 헛것이 보일 정도란다.

다음 닥풀을 섞어서 휘젓고 대로 만든 발로 '물질'을 하여 지액에서 종이를 떼낼 때는 허리가 쑤시고 아프며 끊어질 듯했다. 그 고통이야 말로 다할 수 없는 경험을 겪었던 것이라 본다.

일일이 손끝으로 매만져서 판판한 판에 떠낸 종이는 400~500장 정도를 쌓고 무거운 돌을 올려놓고 서서히 물을 빼낸다.

수분을 뺀 종이를 또 다시 한 장, 한 장 벗겨서 흙벽 같은 데 붙여서 말리면 종이가 된다.

이 종이 표면이 치밀해지고 평활도를 향상시키며 광택을 내기 위해 풀칠한 종이를 여러 장씩 겹쳐 놓고 한 장, 한 장 다듬이질을 하는데 그 손질의 기술에 따라 명품의 값어치를 논할 수 있는 한지가 나온다. 장인의 두드러진 솜씨는 결코 우연히 아니라 수십여 년 간 쌓고 쌓아 손바닥이 닳고 손톱이 갈라진 경험에서 얻어진 노력의 대가이다.

이러한 한지는 중국에 조공하기 위하여 면밀히 검사한다.

한지의 품질에 따라서 백지, 장지, 각지의 세 종류가 있다. 세분하면 창호지, 유삼지, 공물지, 사고지, 외장지(전주 특산), 영창지(전주 특산), 농선지(전주 특산), 입모지, 대각지, 소별지, 자문지, 완산지(전주 특산), 산내지 등 지류가 있다. 다시 염색한 종류로는 홍화염지, 천근염지, 자초염지, 감염지, 지자염지, 청태지(전주 특산) 등으로 지질을 인정한다.

그런데 아무리 좋은 한지를 만드는 솜씨라 하더라도 개화기를 거쳐 외세의 침범과 일제의 식민지화며 해방에 이어 6·25전쟁의 폐허 속에서 전통문화의 심각한 좌절을 겪었다. 갑작스런 경제의 성장과 급속한 과학화로, 젊은이들의 노동회피로 한지의 제작과정은 잠적될 수밖에 없었다.

전통문화적인 한지를 원상대로 되찾아 놓은 것이다. 창조적으로 개발하는 것이 전주 사람이 해야 할 과제이며, 문제요, 순서라 본다.

06 전주의 '한지' (2)

교장 초임발령지인 학천교가 생각났다. 바람이 불면 학교에 있던 휴지가 사택 마당에 날려 들었다. 이 휴지를 줍다 문득 일엽 스님의 시가 떠올랐다.

뒤뜰에 흘린 종이
날려 온 휴지임을
모름이 아니건만
하도 아쉬운 맘에
행여나 임 던진 편지인가
만지작거려 보노라.

이때다. 문수사 주지스님이 대문을 열고 들어서더니 "무엇을 그리 열심히 보고 있소?" 한다. 손에 든 휴지는 어느 집안 족보 조각이었다. 그래서 오늘의 화제는 '일엽 스님의 휴지가 한지였을까!' 하니 30세 이후에 수덕사에서 귀의하였으니 그 시절엔 한지에 먹물로 붓글씨인 편지로 보아야 맞을 것이다. 하며 이 땅에 한지의 역사를 말한다.

한반도에 불교가 들어올 때 경서인 한지와 연꽃 씨와 은행, 그리고 부처님의 사리 등이 같이 들어왔다고(3~4세기) 했다. 그리고 고구려 담징이 일본에 불교와 제지기술을 전수했다(BC 610년)고 이야기한다.

1960년 초반 북한의 사회과학원은 평양의 정백동 2호 고분(고상현묘)에서 2개의 은장도와 더불어 마분지 같은 종잇조각을 출토했다. 이 묘의 부장품으로 나온 양산대의 제작시기가 영시 3년 12월로 기록되어 전한 성제 때의 것으로 판명 되었다.(BC 14년경) 그래도 스님은 인정하지 않는다.

나는 내가 아주 어릴 때부터 한지를 생활화한 것들을 생각해 보았다.

태어나면서 소나무 가지와 숯, 그리고 백지와 고추를 달아 금줄로 온 마을에 알리는 출생신고가 가장 먼저였다. 어머니는 백설기에 켜켜로 한지를 끼우고 돌상에는 한지와 붓을 놓았다. 5~6세가 되면서 한지의 책을 메고 교훈을 익히는 학동이었고, 점차 나이가 들면서 펄프를 이용한 신문용지의 책과 노트로 공부를 했다. 결혼할 때 혼서지와 사주단자의 문서가 오고가고 하는 것도 한지였다. 그런가 하면 장년이 되면서 북선제지에서 나온 신문용지를 사용했고, 외국에서 수입한 펄프를 원료로 한 종이를 쓰다가 이제는 컴퓨터의 모니터에 휴대폰의 문자메시지로 급변했다. 앞으로 다가올 것을 미리 생각해 본다.

이 세상 하직 하는날, 친척 친우에게 알리는 부고장도 문자메시지나 전화통화가 되겠고 부의단자와 생전의 고인의 은덕을 기리는 조문시도 인터넷 상의 문자이겠지!

요즘 산행을 하다 보면 가끔 닥나무를 보게 된다.

닥나무는 뽕나뭇과의 낙엽활엽 관목이다. 산기슭이나 밭둑에 절로 나기도 하고 재배하기도 한다. 암수 한 그루로서 높이는 3m 가량 큰다. 꽃은 봄에 피고 초가을에 뱀딸기와 비슷한 붉은 열매가 익는다. 나무껍질의 섬유는 한지의 원료가 되고, 열매는 한방에서 '저실楮實'이라 하여 약재로 쓰인다.

닥나무에 대한 발전상을 보면 닥나무를 이용한 종이 제작은 이미 삼국시대부터 중국에 수출하여 송나라 사신 서궁이 엮은 『고려도경』이나 명나라 도룡이 편찬한 『고반여사』 등 중국의 문헌에도 전통적인 한지의 우수성을 칭찬하고 매우 귀하게 여긴 사실이 있다.

그리고 고려 인종 23년 (1144) 때 나라에서 닥나무 심기를 권장했고 명종 19년 (1188) 법제화 기록이 있다. 조선 세조 12년 (1466) 때는 태종이 세운 조지소를 조지서로 개편하여 종이 생산에 힘썼다. 고종 19년 (1882) 때까지 존속하면서 종이 수효를 감당했다. 1901년 용산에 양지제조소가 설치되면서 펄프를 원료로 양지가 생산되었다.

이런 한지가 새로운 빛을 보려면 먼저 유능한 기술의 보유자인

기능공을 육성함이다. 그 다음은 한지의 제조과정을 최신의 기계화 시설을 해야 한다. 그리고 생활 전 분야에 광범위하게 중요한 소재로 급부상시켜야 세계화를 이루어 갈 것이다.

07 전주의 '한지' (3)

―지천년紙千年 한지韓紙와 전주

한지韓紙란 보통 '조선종이'라 하며 그 한지가 빚어내는 색채의 아름다움과 잔잔한 물결에 질기고 오래간다고 해서 지천년 견오백紙千年 絹五百, "종이는 천 년을 가고 비단은 오백 년을 간다."는 말이다.

최근 전주에서는 소리의 축제, 영화축제, 한지축제를 전주의 3대 Brand로 삼고 한지살리기운동을 전개한다.

그럼 종이의 역사를 살펴보면 고대문명의 발생지인 메소포타미아에서는 '점토판'이 발견되었고, 또한 이집트에서는 '파피루스(BC 2500)' 사용의 근거가 있고, 소아시아에서는 '양피지(양가죽)'로 예수 기록을 기록했다.

그런가 하면 동양의 인도에서는 '패다라貝多羅'로 기록한 사실이 발견되었다.

그럼 종이의 발명에 대하여서는 『후한서』와 『동관한기』 기록에 의하면. 중국 후한 화제(원흥 1년) 환관 '체륜'이 만들어 '채후지'라 하여 임금께 바침으로써 종이가 발명되었다는 기록이 있다.

이 종이가 점차 질과 제조기술의 발전에 노력한 산동 동래 사람 '좌백'이 전수를 받아 발전시킨 '좌백지'라 불렀다.

그럼 우리나라에 전래한 것은 1세기에 만들어지고 2세기에 고려 승 담징(618년)이 종이 만드는 기술을 전래했고, 4세기에 한지를 만들기 시작했다고 하나 확실한 근거는 훨씬 전이라 생각한다.

우리 한지의 독특한 발전사항은 천년의 숨결이 스며 있는 종이로 한지다.

이는 서양의 『구텐베르트의 성경』은 발간된 지 550년 밖에 되지 않음에도 지질의 보관이 문제되어 열람조차 못 하고 암실에 보관되었다. 그러나 우리의 『계림지』(신라), 『고려지』(고려시대)는 일반 박물관에 보관되어 있어도 변질이 되지 않고 있다는 점이 장점으로 그 질을 인정하고 남음이 있다.

이런 한지의 비법은 한지는 닥나무, 삼지닥나무 껍질을 원료로 한다. 이들 나무를 다발로 묶어 물을 부은 가마솥에 세우고 가마니로 둘러싼 뒤 불을 때 껍질이 흐물흐물 벗겨질 정도로 삶은 다음 껍질을 벗겨 말린다.

말린 껍질을 다시 물에 불려 발로 밟은 다음 하얀 내피 부분만 가려내어 이것을 양잿물에 섞어 3시간 이상 삶아 압축기로 물을 짜낸다.

여기에 닥풀 뿌리를 으깨어 짜낸 끈적끈적한 물을 넣고 잘 혼합하여 고루 풀리게 한 다음 발로 종이 물을 걸러서 뜬다. 이 과정에서 한지에 여러 모양이나 색을 입힐 수 있다.

이렇게 만들어진 한지는 용도에 따라 창호지, 태지, 화선지 등으로 나눌 수 있다. 주산지는 전라도 장성군 상오마을에 한말 지소紙所를 두었다.

그런데 이것을 만드는 과정이 원래 도침의 비법이었다. 중국은 닥나무 껍질을 맷돌에 갈아 그 원액으로 단순하게 만들고, 한국은 닥나무 껍질을 방망이로 두들겨서 그 원액과 잿물로 삶아 떠서 질을 더욱 높이기 위한 마무리 공정에 풀칠한 종이를 여러 장 겹쳐 놓고 디딜방아 모양의 도침기로 내려치는 비결이다. 그래서 '태지', '화선지', '개입장자지'는 세계최초로 고안한 종이로 표면 가공한 기술이 우리만의 비법으로 인증되었다.

그럼 지천년 한지와 전주의 관계를 찾아보면 고려사 이규보(1168~1241) 『동국이상국집』의 「십이국사중조 후서」에 전주목에서 모공조인 기록에 의한 전주시사를 참고하면 팔복동 1960년경까지, 오목대(풍남동) 근처 1800년 까지, 전주천 방천에 한짓골(흑석골)에 1900년경까지 한지를 만들고 있었던 곳인데 이 모두가 맑은 물이 흐르고 있는 곳이었다.

『임원경제십육지林園經濟十六志』에는 전주의 한지, 남원의 한지를 천하의 드문 것으로 극찬하면서 선자지扇子紙, 간장지簡壯紙, 주유지注油紙, 태지苔紙, 죽청지竹青紙를 꼽고 있다.

특히나 전주 근교 송광사는 고려에서 조선 때까지 한지의 품질을 최상품으로 인정받은 기록을 찾아볼 수 있다.

지천년의 한지로서 현실은 문을 바르면 창호지窓戸紙, 족보, 불경,

고서의 영인에 쓰면 복사지複寫紙, 사군자나 화조를 치면 화선지畵宣紙, 연하장, 청첩장 등으로 쓰이는 솜털이 일고 이기가 박힌 것은 태지苔紙라고 한다.

전주에서는 한지문화의 창달로 1981년부터 한지공예전을 개최하여 현재에 이르렀고 2005년도 한지박물관을 전주에 건립하여 한지의 도시화에 노력하고 있으나, 값싼 중국산 동남아 한지로 경제적 여건에 생존마저 불투명하게 되었다.

한지의 질이 새롭게 발전해 세계 최상급의 한지로 발전하기를 기원한다.

08 법화경과 대둔산 안심사

「비디디-바디디-부(Bibbidi-bobbidi-boo)」 곡이 승용차 스피커에서 나온다. 트렘벨 소리가 맑게 들리는가 하면 독특한 창법의 쉰 목소리가 들린다. 차 안의 분위기는 어느덧 제리 리빙스톤이 작사한 코믹송으로 분위기가 흐르더니, 이젠 한국의 김상국이 연상되는 느낌까지 났다.

"비디디-바디디-부"란 모든 일들이 다 잘 되기를 바란다는 뜻이란다.

오늘 차 나들이에 행운을 빌면서 대둔산의 사찰 순례에 기대해본다.

대둔산! 산만을 바라보고 고달픔, 외로움, 피맺힘으로 얽힌 험준한 산길에 예면글면 매달리던 '아기똥풀꽃'들이 산바람 부는 대로 나붓나붓 거린다. 그 사이 포시럽고 매끄럽던 여승의 얼굴이 웃음 가득히 내밀었다.

사찰 이름이 흔한 것도 아니요, 그렇다고 아주 어려운 것도 아니며 자연스러우며 편한 느낌마저 드는 그 원인을 물어 보았다.

자장율사가 삼칠일을 기도하던 중 부처님이 나타나 열반성지 안심 입명처로 가라는 말씀을 하셨다. 스님은 이곳에 오신 후 기도 정진 중 마음이 그렇게 편할 수가 없었다. 그래서 안심사는 자장율사가 부처의 진신사리 10과, 치아사리 1과를 모시고 선덕 여왕 7년 (638) 때 창건했고 한때는 대규모의 사찰로 삼십여 채의 전각과 13개의 암자가 있던 웅장한 사찰이었다. 부도전 건립 때는 세조 임금이 보낸 친필을 보관해 어서각을 갖춘 사찰이며 만해 한용운 스님의 명찰 순례기에 의하면 2층 대웅보전에는 658판의『한글언해본』경판이 있는 곳이라 국보가 잠긴 유일한 사찰이라 칭하였다.

그 후에 대둔산 마천대와 낙조대, 월성고지, 매봉, 철모봉, 깃대봉 아래 충남 진산의 태고사, 벌곡의 신고운사, 그리고 전북 운조의 안심사는 6·25전쟁 때 피해 입은 사찰로 전국의 1위였다. 충남북의 빨치산과 전북의 일부 빨치산은 천혜의 기암괴석의 절벽암반을 이용했고 사찰 내부까지 사령부와 야전병원으로 위장하여 아군의 토벌대에 맞서서 치열한 전투의 현장이 되었다. 그 결과 안심사는 대웅보전을 비롯해 수십 채의 전각 그리고 십여 개가 넘은 암자며 귀한 문화재급이 모두 소실되었다. 60여 년이 지난 오늘의 현실에도 2층 대웅보전은 복구를 못 하고 직광전과 요사를 건립하고 토담집으로 된 예전의 인법당은 해체되었다.

안심사! 과연 마음이 편안함을 느낄 수 있는 사찰임은 틀림없었다.

스님에게 법화경의 발간에 대해 물었다. 그러나 아주 중요한 사실을 알지 못하고 있었다.

법화경法華經은 1405년 완주 고산 안심사에서 대둔산의 자생나무인 갯벚나무를 재료로 목판에 새기고 질 좋은 한지로 발간함에 불교의 성지로 발전했었다. 그 후에 『불설대보부모사중경』과 『묘법연화경』(1443)이 화암사에서 계속 발간되어 전라도의 불심을 자랑하던 시절을 까마득히 모르고 있었다. 『법화경』은 대승경전의 하나로 산스크리트(범어)로 "살달마 분다리가 수트라"라고 한다. 즉, "백련화白蓮華와 같은 올바른 가르침"이라는 뜻으로서 예로부터 경전의 왕으로 생각되었고, 초기 대승경전大乘經典 중에서 가장 중요한 것이다.

이 경문에서는, 불타는 구원久遠한 옛날부터 미래영겁未來永劫에 걸쳐 존재하는 초월적 존재超越的存在로 되어 있고, 이 세상에 출현한 것은 모든 인간들이 부처의 깨달음을 열 수 있는 대도大道를 보이기 위함이며, 그 대도를 실천하는 사람은 누구라도 부처가 될 수 있다는 주장으로 되어 있다.

이런 법화경은 모두 28개장(품)이다. 보통 『묘법연화경』만 얘기하는 경우도 있고 간혹 『무량의 경』, 『불설관음보현보살행법경』과 함께 법화삼부경法華三部經이라고도 한다.

더 자세히 말하면 산스크리트어 원본은 영국인 호지슨이 네팔에서 발견한 것을 프랑스어, 영어, 한국어, 티베트어, 몽고어 등으로 번역되어 있어 매우 넓은 범위에 걸쳐 불도들에게 사랑받고 있다.

이런 경전이 대둔산 안심사에서 유일하게 발간되었으니 그 옛날 번영했던 때를 생각하며 영원히 유명한 사찰로 보존되길 바란다.

09 화암사花巖寺 (1)

– 사찰 중 명 사찰인 화암사

화암사花巖寺!

불명산 기슭을 따라 4.5km를 가면 하마비 옆에 주차장이 있다. 입구에 들어서 절벽과 절벽 사이의 계곡엔 천연의 색채를 가진 암반은 신라시대의 짚신 자국이 나타날 것 같이 예스럽고 고고하다. 현재는 계곡을 열한 번 굵어들면서 암반 위로 흐르는 맑은 물을 발아래로 47계단을 올라섰다. 꽃비 내리는 날 시루봉 남쪽에 자리한 일주문 격인 우화루(보물 제662호)에 당도했다.

전설에 의하면 원인 모르는 병으로 앓고 있던 공주에게 이곳 바위 위에 자란 꽃을 꺾어 먹였더니 말끔하게 낳았다는 '바위 위의 꽃 절'로 화암사라 한다. 절의 유래는 어느 시대, 누가 창건했는지 아직 알 수는 없다. 그러나 원효元曉와 의상義湘이 유학하고 돌아와 수도하였다는 기록으로 보아 신라 문무왕 이전에 지은 것으로 능히 짐작은 할 수 있다고 본다.

1981년 해체 수리 때 발견한 기록으로 보아(세종 7년, 1425) 관찰사 성달생成達生의 뜻으로 주지 해총海聰이 중창하였다.

이때 대가람의 면모를 갖추었으나 임진왜란 때 극락전 등 몇 개의 당우를 제외한 대부분이 소실되어 완전한 복구를 못 하고 지금까지 왔다.

광해군 3년 (1611) 성징性澄이 중창하였고, 인조 7년 (1629)에도 중창했다, 또 현종 7년 (1666) 영혜靈惠가 중창 하였는데 조선 숙종 37년 (1711)까지 여러 번에 걸쳐 수리가 있었음을 알 수 있었다.

이 건물은 마주보는 우화루와 아담한 안마당을 만들고 있고, 동서쪽에도 건물이 있어 마당은 ❑자형 건물들로 포근히 둘러싸였다.

우화루는 속세인이 밖에서 보면 기둥이 우뚝우뚝 세워진 2층이 분명하고 경내에 들어서서 불심에 입문하면 우화루는 분명히 단층으로 보인다. 이렇게 불심의 안목을 나타내는 사찰은 오직 화암사뿐일 것이다.

우화루 앞에는 '佛明山花巖寺'라는 현판이 붙어 있고 그 안에는 3개의 현판이 걸려 있다.

화암사 중창기 비문에 의하여 화암사 극락전과 같이 성달생이 대대적으로 중창한 것임을 알 수 있다. 그런데 현재에 수리 중으로 내부를 세밀히 볼 수가 없어 아쉬운 감이 퍽 많았다.

극락전極樂殿은 보물 제663호로 중국 남조시대에 유행하던 하앙식 건물로는 우리나라에서 유일한 목조건물이다. 이 안에는 아미타삼존불과 철종 9년 (1858)에 그린 후불탱화 또 명부전에는 순조

30년 (1830)에 그린 지장탱화가 지장보살상 뒤에 봉안되어 있으며 좌우에는 같은 시기의 탱화 8폭이 있다. 이밖에 문화재로는 전라북도 유형문화재 제40호로 지정된 높이 140cm의 동종이 있으며 제94호로 지정된 중창비가 있다.

이 동종銅鐘은 광해군 때 주조한 것으로 사찰 또는 나라에 불행한 일이 있을 때 제작자인 호영虎英의 장인정신과 넋이 깃들어서 스스로 소리를 내어 그 위급함을 알려 주었다고 하여 '자명종'이라고도 부른다.

또한 극락전에는 경판 200여 장이 보관되어 있었는데 이 중에는 예종 1년 (1469) 판각된 『보현행원품普賢行願品』을 비롯하여 광해군 10년에 판각된 『금강경오가해金剛經五家解』 등이 있다. 현재 전북대 박물관으로 옮겨 보관하고 있다. 고승들의 영정 7폭이 보존되어 있는데 이들 영정은 허주 외 6인의 것으로 전통적인 탱화기법을 그대로 따르고 있어 특색 있는 사찰이며 오래된 작품들로 인정이 간다. 극락전 왼쪽엔 '입을 놀리는 것을 삼가라'는 쌍영제雙英齊가 있어 우리 생활에 크나큰 교훈을 주고 있다.

이밖에도 알 수 없는 3기의 부도와 덕운당의 부도가 있으며 모두 조선 후기의 것으로 추정할 수 있다는 스님의 말씀이다.

전주 출판문화의 기록을 세밀히 찾아보니 법화경法華經이 1405년 안심사에서 발간된 후로 화암사에서는 『불설대보부모은중경佛說大報父母恩重經』과 『장수멸죄호제동자라타경長壽滅罪護諸童子羅陀經』을 비롯해 『수방엄경首楞嚴經』 그리고 『법화경法華經』을(일명 『묘법연화경妙法蓮華經』이라 고도 함) 1443년에 발간 했으며 『지장보살본원경地藏

菩薩本願經』(1453)에 『육경합부六經合部』를 (1462년과 1488년)에 두 번이나 발간했으며 『선원제전집도서禪源諸詮集都序』(1493)에 『불설수생경佛說壽生經』(1515)에 「불설예수십왕생경佛說預修十王生七經」(1618) 등이 발간되어 전주의 출판문화의 중요한 지역으로 인정을 받았다.

사찰 중의 우화루와 극락전은 우리나라의 명 사찰 화암사다! 오늘 다시금 찾았다. 법당의 문살무늬 사이로 마음을 전하니 부처의 마음을 담아 온 불심은 나에게 한편 더 포근함이 느껴진다.

10 화암사花巖寺 (2)

– 한국의 유일한 화암사 극락전

일본 불교계의 주장은 중국의 하앙식下昻式 구조가 일본에 호류지法隆寺의 금당과 오층목탑 등에 쓰였던 동일한 양식임을 근거로 중국의 하앙구조 기법이 한반도를 거치지 않고 직접 일본으로 도입되었다는 주장으로 한반도에서 전래한 사실을 완전히 부정해온 일본 학계였다. 그러나 한국에선 이를 반박할 학술적으로나 실제 구조적으로나 근거가 없었다.

그런데 1976년 이곳 화암사 극락전에서 이 하앙식下昻式 구조가 발견됨으로써 국내 고건축학계에 대단한 반향을 불러 일으켰고 일본의 학계 논문들이 휴짓조각이 되어 일본 불교계의 전통이 일시에 무너지고 말았던 사건이 있었다. 바로 이 화암사 극락전이 한국의 유일한 근거였으니 그 얼마나 중요한 값어치요, 우리 문화의 유산이 아닌가!

화암사의 극락전에 대한 고마움과 조상의 슬기와 지혜를 생각하면서 우리나라의 사찰을 찾아보았다. 극락전, 극락보전, 무량수전, 무량전, 보광명전, 아미타전 등 여러 가지로 표기했다. 그러나 이 모두가 예로부터 극락정토신앙에서 표기한 것임을 밝힌다.

극락전을 꾸미는 데 먼저 주불을 모시는 불단 위에는 천개를 달고 용이나 극락조를 조각하든지 용이 여의주를 입에 물고 있는 곳이 가끔 보인다.

삼존불 뒤쪽에는 극락의 법회 장면을 그린 「극락회상도極樂會上圖」나 「극락구품탱화」 등을 건다. 또는 후불탱화로 「아미타불화나」 「아미타불내영도阿彌陀佛來迎圖」 그리고 「관음도觀音圖」 등을 걸어 주는 곳도 있다.

아미타불의 무량광無量光은 끝이 없어 백천억 불국토를 비추고, 무량수無量壽 한량없어 백천억 겁으로도 헤아릴 수 없다. 그래서 이 부처를 모신 전각을 무량수전이라 하고 보광명전이라고도 한다. 아미타전은 이 부처의 이름을 그대로 따른 것이다.

중생을 구제하여 극락으로 인도하는 불심에서 고려, 조선시대에 극락왕생 신앙이 성행하면서 아미타불의 협시이며 사상으로 본다.

전각은 남향이고 아미타불상은 동쪽을 향하고 있으므로 불상 앞에서 기원하는 사람은 극락이 있는 서쪽을 향하게 됨을 깨달았다.

오늘 화암사 극락전 앞에 서서 세심히 바라본다. 아미타 부처님이 계시는 정면 3칸 측면 3칸의 아담한 건물이다. 이 건물은 마주보는 우화루와 아담한 안마당을 만들고 있고, 동서쪽에도 건물이 있어 마당은 ㅁ자형 건물들로 포근히 둘러 싸였다.

극락전은 그리 높지 않은 막돌로 만든 기단 위에 기둥이 굵직굵직하여 보기에도 시원하고, 3칸 가운데 중간 칸인 어간은 조금 더 넓다. 그러다 보니 좌우 협간의 문짝은 세 짝인데 비해 어간은 네 짝의 문이 된다. 공포도 협간은 중간포가 하나씩밖에 없는데, 어간은 중간포가 두 개로 여기에 기묘한 기법이 숨겨져 있다는 것이 절로 짐작이 간다.

불명산 산속 깊이 숨어 있는 화암사가 그나마 이름을 내게 된 데는 극락전이 '하앙식下昂式'구조로 우리나라에선 유일하기 때문이다. 이것은 기둥 위에 중첩된 공포와 서까래 사이에 끼워진 긴 막대기 모양의 부재를 가르킨다. 이 하앙의 끝부분 위에 도리를 걸고 서까래를 얹으면 밖으로 돌출된 하앙의 길이만큼 처마를 길게 뺄 수 있다.

다시 한 번 눈을 크게 뜨고 극락전 앞쪽의 하앙을 보라보면 용머리 형상과 화염이 이는 여의주를 발톱으로 움켜쥔 형상을 투각으로 조각하여 장엄함과 화려함을 나타냈으며 반면에 극락전 뒤쪽의 하앙은 간결하여 아무런 장식 없이 길고 날카롭게 잘린 모습은 용의 꼬리처럼 보인다.

앞쪽은 용의 머리와 앞다리가, 뒤쪽에는 용의 꼬리가 새겨졌으니, 마치 용이 하늘을 나는 형상이라 부정할 이유가 없다고 생각한다.

지붕은 맞배지붕으로 원래 기둥 위에만 공포를 짜는 주심포와 천장이 없어 서까래가 훤히 보이는 것이 특색이다.

화암사 극락전은 백제 계통의 하앙식 건물에 고려 후기의 다포식이 더해졌고, 천정을 짜맞추는 양식에서는 조선 후기의 양식이 또 더해졌다.

화암사 극락전에는 이런 건축양식의 흐름이 고루 담겨 오늘에 이르렀으니 일본 불교계가 알 수 없는 비법 중의 비법이었다.

눈에 쉽게 드러나지는 않으나 이처럼 다양한 매력을 지닌 극락전에서 마지막으로 빠뜨릴 수 없는 것이 바로 단청이다. 이 단청은 1707년에 했다고 서명에 기록되어 있으니 너무나 오래된 것이다. 그러다 보니 건물 안쪽보다는 바깥쪽의 단청이 더 많이 퇴락하였다. 하지만, 느긋한 자세로 지켜보면 오히려 이런 퇴락한 단청이 더 편안함으로 느껴진다.

일본사람이라면 극락전의 단청은 품격이 높을 뿐만 아니라 아름답고 우아하게 꾸몄을 것이다. 그러나 화암사의 극락전은 단청을 거부하였다. 수수하고 단아함이 한껏 더 돋보이게 됨은 최고의 자연미로, 영원한 무량수無量壽로, 문화유산으로 보존되길 바람이다.

11 화암사花巖寺 (3)
– 꽃비 내리던 날 우화루를 찾다.

우화루雨花樓를 보기 위해서 불명산을 찾았다. 지난밤 조용히 찾아온 손님 같은 비가 새벽 깊은 시간까지 내렸다. 꽃비가 소곤소곤 내린다!

꽃비를 맞은 봄꽃들은 잎보다 꽃이 피는 경우가 많다. 겨울을 이기고 피는 꽃들이 봉오리를 맺고 피기까지 감내했을 고통의 크기를 짐작해 보면 그 아름다움의 이면에 소리 없는 아우성이 들리는 듯하다.

그런 봄꽃들의 꽃잎들은 원색이 아니라 대개 여리고 투명한 옅은 빛깔을 띤다. 혹독한 계절을 이기고 핀 꽃잎들이 여리다는 것은 또 하나의 얼마나 많은 고통과 슬픔을 감내해야 했을까 비유하면서 불도의 길을 생각하게 된다.

꽃잎들이 분분 떨어지는 모습을 보고 낙화落花라 하는데, 그러나 불가에서는 우화雨花라거나 화우花雨라고 표현들 한다. 사실 우화雨

花는 '하늘에서 꽃이 비처럼 내렸다.'는 뜻으로 불가에서 유래한 말이다.

더 자세히 말하자면 석가모니 부처가 영취산에서 이생 동안 깨달은 바를 최종적으로 정리하여 설법할 때 '하늘이 꽃비를 내려 축복했다.'는 데서 비롯되었다 한다.

이때의 설법을 정리하여 묶은 경전이 『묘법연화경妙法蓮華經』이니 꽃은 물론 연꽃을 의미할 것이라 본다.

그래서 경남 밀양의 표충사, 가야산의 백양사, 경북 안동의 봉정사, 의성의 고운사, 전라도에 유일한 완주의 화암사에 우화루雨花樓라 쓰인 당우나 강당이 있는 것도 바로 여기에 이유가 있어서다.

꽃비! 하고 부르고 싶은 것은 우리가 흔히 쓰는 꽃비의 다른 말인 화우花雨이다. 꽃비라는 말이 주는 어감이 얼마나 아름다운가? 그런데 꽃비는 우화를 뜻하듯 '꽃잎이 비처럼 떨어짐'을 의미할 뜻도 있겠지만 꽃비의 의미는 '꽃에 떨어지는 봄비'의 의미로 받아들여지기도 한다.

이때 빗물이 꽃잎에 섞여 꽃물이 들거나 꽃향기가 날 것 같다는 생각을 하고 보면 마음이 맑아진다.

지금 보고 있는 우화루雨花樓는 조선 광해군 3년 (1611)에 세운 것으로 그 뒤에도 여러 차례 수리한 건물이다.

규모는 앞면이 3칸이며, 옆면은 2칸이다. 지붕은 옆면에서 볼 때 사람 인 자人字 모양을 한 맞배지붕으로 꾸몄다.

지붕 처마를 받치기 위해 장식하여 만든 공포는 기둥 위뿐만 아니라 기둥 사이에도 있는 다포 양식이다.

1층은 기둥을 세워서 바깥과 통하게 하여 경내로 들어온 사람에게 불문에 들어 왔으니 불심의 눈으로 본 우화루는 당연 1층으로 보일 것이요, 뒤쪽 밖의 세속 사람들은 평범한 눈으로 보니 2층 마룻바닥을 땅과 거의 같게 놓인 건물로 2층으로 보일 것은 분명하다. 이는 화암사 우화루에서만 불심이 전한 증거요, 꽃비 내리는 누각이다.

'꽃비가 내린다'는 멋진 이름을 가진 우화루雨花樓는 그 이름만큼 아름다워 화암사의 첫인상을 결정짓는 중요한 건물이다. 또한, 이 건물은 화암사의 매력 가운데 하나인 누각이지만 아담하고 고즈넉한 안마당을 이루고 있기도 하다. 현재는 공사 중으로 흰 장막으로 가린 우화루가 있는 곳으로 차마 눈길을 줄 수가 없으니 얼마나 안타까운가. 속히 완공하여 그 옛 모습 그대로 보여주길 바랄뿐이다.

토향 이야기

제 3 장 | 토향의 지혜

01 소[牛]에 비유한 이름의 표현

농도인 전북에 살기에 관심이 있어 유달리 국립박물관에 소장된 소 그림(牛圖 : 김식 작)을 감상했다. 한 그루의 나무 아래에 어미소와 송아지가 있었다. 한국적인 농촌의 흔한 풍경이었는데 이상하게도 끌리는 정감에 그 정취를 느끼게 하는 소 그림에서 민담이 생각났다.

황희黃喜가 젊은 시절에 길을 가다가 어떤 농부가 2마리 소로 밭을 가는 것을 보고, "어느 소가 더 잘 가느냐?"고 물었다. 농부는 귀엣말로 "이쪽 소가 더 잘 간다."고 하였다. 이상히 여겨 "어째서 귀엣말로 하는가?" 물으니 "비록 짐승일지라도 사람의 마음과 다를 바 없으니 질투하지 않겠는가?" 하였다.

김시습金時習은 지조 없는 선비들을 소에 비유해 희롱하였다. 그에게 설법을 듣기 위해 온 사람들에게 소를 나무에 묶어 놓고 뒤에다 꼴을 두고 "이것이 내 설법이다."고 하였다. 그런가 하면 고려 보조국사 지눌知訥의 호는 목우자牧牛子이다. 소를 기르는 이, 즉 참마음을 장양長養하는 사람이라는 뜻이다.

만해萬海 한용운도 만년에 그의 자택을 심우장尋牛莊이라 하고 스스로 진면목을 찾기에 전념하였다.

그런가 하면 "소가 크면 왕 노릇 하나!"는 말과 '우이독경牛耳讀經' 그리고 '대우탄금對牛彈琴'으로 우직하고 어리석음을 표현했다.

세계적으로 독초의 기준은 초식하는 소가 먹지 않은 풀들이다. 그 중에 고사리류가 대표적이니 우리 생활에 도움이 되길 바라면서 동물이나 식물에게도 그 이름에 '소'나 '쇠'자를 붙여서 우리의 생활상을 솔직하게 나타낸 것들이 있다.

장님의 성기를 본따다 '소경불알'이다. 초롱꽃과 다년생 덩굴풀잎으로 3~4개가 접생이며 가을에는 암자색인데 뿌리는 괴근으로 구형이다.

'쇠나물'은 택사과로 60~100cm 정도이며 '쇠서나물'은 꽃상추과로 60~90cm 정도이며 2년생 풀이다. 몸에 붉은 털이 있고 날카로운 톱니가 있다.

또 '쇠돌피'는 포아풀과로 30~60cm 정도로 7~8월에 줄기의 꼭대기에서 긴 여러 개의 이삭으로 된 자록색 꽃을 핀다. 또 우리 주위에 아주 많은 '쇠뜨기'는 속새과다. 소가 제일 잘 먹고 녹색의 뱀밥으로 자라며 쇠뜨기로 순수한 한국말인데 이뇨제로 사용한다. 할머니들이 많이 찾는 '쇠무릎'은 비름과로 다년생풀이다. 네모진 줄기에 통통한 마디가 쇠무릎과 같다고 해서 우슬牛膝로 한방에서 옹종, 월경불순, 임질 등에 사용한다.

'쇠별꽃'는 나도개미자리과로 30~90cm 정도 자라며 다년생풀이다. 봄에 오색판화 꽃을 핀다.

모두 같은 포아풀과로 보리는 겨울철인데 '쇠보리'는 줄기가 다소 땅에 눕고 여름에 마디에 가지가 나와 이삭이 된다. 소가 잘 먹는 풀로 '쇠치기풀'은 80cm 정도에 줄기가 억세고, 같은 과지만 '쇠풀'은 6~18cm 정도로 여름철에 줄기는 가늘고 잎은 비교적 넓은 편에 가을철에 엽액에서 이삭이 나온다.

'쇠비름'은 쇠비름과로 줄기와 잎은 다육질로 다년생 풀이다. 꽃은 아침에 피었다가 저녁에 지는데 쌍자엽 이판화구에 1과 210종에 한국에 단 1종이다.

다음은 목류 단 한 가지인데 그 나무에 대해서 알아보자

'소나무'도 있다고 하나 소와는 관련이 전혀 없다고 본다. 그래서 소의 귀모양이라 '소귀나무'란다. 소귀나무과[楊梅科]로 10~20m 정도이며 쌍자엽식물로 이판화구의 1과인데 상록교목으로 한국에 단 1종뿐이라 아주 귀하게 여겨서 붙여진 이름이다.

그 다음엔 조류에 대해 알아보는데 비교적 작고 아름다운 새를 가리키는 말로 쓰여 왔다. '쇠밀화부리'는 참새과로 머리와 꼬리 날개깃은 검으며 날개 길이 10㎝로 봄에서 여름 사이에 산에서 고운 소리로 운다.

딱따구리과로 '쇠딱따구리'는 날개의 길이 85㎜로 한국의 새 중 가장 작은 새다. '쇠오색딱다구리'는 몸이 아주 작아서 날개의 길이 95㎜ 정도이며 머리는 붉고 가슴은 갈색이다.

오리과로 날개 길이 18㎝ 정도 흰빛에 검은 무늬가 있고 부리는

검으며 몸은 아주 작아 '쇠오리'란다.

'쇠종다리'는 종다리과의 하나로 몸은 작고 부리는 짧고 굵음이 특징인데 한국의 북쪽과 중국에 자생하는 데 비해 '쇠흰등밭종다리'는 할미새과로 작은 새이다.

'쇠찌르레기'는 찌르레기과로 날개의 길이 10㎝ 정도이며 날개는 검은빛이고 배는 황백색이다. 우리 주위에서 해충을 잡아먹는 익조이다. 말에 비해 소소한 몸짓을 가리키는 것이 특징이라 본다.

특별히 '쇠털보박쥐'는 박쥐과로 털보박쥐보다 작은 몸짓으로 전국에 동굴이나 암반 사이에 분포되었다.

끝으로 곤충류에 관해서 알아보자.

풍뎅이과 곤충으로 둥굴둥굴하고 검은빛에 말똥구리가 있는가 하면 '소똥구리'가 있다. 촉각은 황적색 뿔은 2개로 소의 똥을 굴려다가 알을 낳고 집을 지으며 산다.

'쇠똥굼벙이'는 쇠똥을 뭉쳐다가 집을 짓고 알을 낳는데 유충은 한약재로 경간에 특효다.

소가 가는 데 길을 안내한다는 뜻으로 '쇠길앞잡이'가 있다. 몸빛은 변화가 많아 말할 수 없고 17㎜ 길이에 시초는 붉은색을 띤다.

옛부터 우진마불경牛嗔馬不耕은 원진살의 하나로 '소띠는 말띠를 꺼려한다.'는 말이 실감이 났고 '소'와 '쇠' 자에 대한 동식물의 이름이 얼마나 유머스럽고 흥미 있으며 멋스러움이 있는가! 우리 선조들의 슬기로움과 풍자스러움도 같이 느껴본다.

02 말과 동식물의 이름 (1)

전주 동물원에서 말을 보면 식물성 풀만 먹고도 넘치는 힘이 어디서 나올까 의문이 날 정도였다. 더욱이 진안 마이산을 보면서 생각하여 본다.

옛날 민초들은 말에 대한 상징을 자연 사물까지도 섬세히 표현하였던 것들 중에 말 자로 시작한 것들을 알아본다.

먼저 '말나리'는 백합과 다년생풀로 한국의 자생종이다. 잎은 윤생피뢰침형으로 육판화가 아래를 향해 핀다. 땅속의 인경은 달걀 모양이고 인편은 단백색인데 식용을 할 수 있다.

그리고 '말냉이'가 있다. 겨자과 일년생 풀로 15~50㎝ 로 윗 잎은 타원형으로 줄기를 싸고 아랫 잎은 주걱 모양이며 봄과 여름에 흰 십자화로 피고 열매는 도란형이다.

다음은 '말발도리'는 수국과의 낙엽관목이다. 키는 3~4m이고 5월-6월 흰 오판화로 산방화서이다.

또 '말즘'은 가래과로 민물군으로 다년생이다. 1~2㎝ 으로 수상화서가 있고 '말털이슬'과 '말똥비름'은 돌나물과 습기가 많은 곳에 자연적으로 난다. 잎은 10㎝ 정도 주걱 모양으로 엽액에 육아가 생겨 번식한다.

풀 종류를 더 살펴보면 '마편초'가 있다. 다년생 풀로 1m 정도 자라고 잎은 짙은 녹색으로 대상이며 여름에는 자줏빛 꽃을 가늘고 긴 이삭이며 줄기와 잎은 음건해 한약재로 쓰인다.

버섯 종류는 말불버섯으로 말불버섯과로 작은 공 같은 버섯으로 회갈색이며 포자가 많고 독성이 있고 7속 300종이다.

그럼 곤충 중에 '말똥구리'는 풍뎅잇과 벌레로 몸이 둥글고 빛이 검으며 광택이 나며 정수리에 2개의 작은 뿔이 있다. 다음은 '말매미'다. 매미과로 4~5㎝ 검은빛에 광채가 나며 8월경에 나온다.

그리고 '말벌'은 말벌과로 3cm 날개는 투명하고 길이 6㎝ 흑갈색이다. 촉각이 회초리 모양인 '말총벌'은 고치벌과로 암컷이 21㎜ 정도이며 숫컷은 15㎜으로 가슴과 날개가 붉은색이다.

또 조류 중에는 한국에서 번식하고 꼬리가 흰색이며 세계에서 유명한 '말똥가리'는 수매과로 머리, 목, 가슴 등과 날갯죽지는 검은 바탕에 잿빛 무늬가 있다. 꼬리는 회색이 특징인 새가 있다.

어류 중에는 '말낙줄고기'는 날개줄고기과 바닷물고기로머리에 큰골질의 볏모양의 돌기가 있다. 들판에 누룩누룩 벼가 익어 갈 때 진미인 '말뚝망둥어'는 망둥어과로 6㎝이며 몸빛이 청남색으로 제1등지느러미 12~16연조이고 제2등지느러미가 22연조다. 종열비늘 수가 27개이다.

다음엔 '말쥐치'다. 객주리과로 24cm으로 긴 타원형이다. 6~7월에 산란하며 식용으로 활용한다. 작은 물고기를 잡아 먹고 몸의 빛깔이 자유자재로 변하는 '말미잘'이 있다. 육방아과로 입은 중앙에 있고 주위에 많은 촉수를 가지고 있어 먹이를 구한다.

그런가 하면 바다의 왕자로 16~20m인 커다란 고래인데 뱃속에 유명한 용연향이 있어 대 인기인 '말향고래'가 있다. 더욱이 흥미로운 것이 있다. 8~9월에 민물고기의 등지느러미에 붙여 산란하는 일이 암말 위에 수말의 악착스럽게 교미를 자행하는 모습과 비슷하여 '말씹조개'라 하였으니 조상의 유머적인 표현으로 향취가 절로 난다.

이제 말의 자체에 대하여 알아보면 말의 뱃속에 우황처럼 생기는 응결물을 경간에 쓰이는 '마황'이며 '마미군馬尾裙'은 말총으로 짜서 윤기가 자르르 흐르고 꽤 비싼 값의 여자 바지다. 말꼬리로 솔을 만드는 기술자를 '마미절장馬尾節匠'이라 한다. 갑옷무장한 무사가 두 손에 요도를 가지고 싸우는 자를 마상쌍검이며, 검술이십사 반무의 일종으로 월도가지는 자세를 '마장월도'라 하며 달리는 말 위에서 각종 재주를 부리는 것이 '마상재'라 한다. 「마장전」은 박지원의 한문소설로 세상의 허위일면에 논하고 벗의 사귀기 어려움을 강조한 글이며 조선시대 역마의 증발로 1~10까지 증명하는데 "암행어사 출두요." 목소리가 들리는 듯 상상할 수 있는 마패馬牌가 있다.

그런가 하면 하마비下馬碑가 있다. 계급이나 신분을 막론하고 반드시 말에서 내리라는 뜻으로 '대소인원개하마大小人員皆下馬'가 이젠 아무리 값비싼 차도 들어올 수 없다는 뜻으로 '제차출입금지'다. 즉 사람 위주가 차 위주로 변화한 것은 인간의 가치 상실의 증거로 볼 수 있다.

우리 민족이 지니고 있는 말이 상징적 체계가 수천 년 간 이어져 앙금으로 존재하나 이젠 점점 사라지고 있는 현실이다. 다원적인 이해-패러다임(Paradigm shift)의 시대에 우리의 전통문화 중 말을 다시 더듬어 보는 일도 중요하지 아닐까!

03 고추와 스코빌(SHU)

감나무에 빗자루 병(witches-broom)이 생겨 남부시장 농약사를 찾았다. 주인과 영농인 사이에 시비가 벌어졌다. 그 원인을 알고 보니 아주 매운고추(청양고추) 모를 주문했는데 수확을 하고 보니 매운 맛이 적은 고추였다. 주인 왈 "청양고추는 틀림없다."는 주장이다.

고추는 담배와 같이 400년 전 임진왜란 당시 우리나라에 들어와 열매는 통고추와 실고추 그리고 고춧가루로 향신료에 사용했고 잎은 나물로 풋고추는 조려서 먹고 부각도 해 왔다. 그러나 다량의 소비처는 김치 담그는 데 없어서는 아니 될 고추였다.

우리 생활에 비유해서 귀한 손자의 거시기를 귀엽게 부르는 말이 고추다. 또 "작은 고추가 더 맵다." 그리고 "숯 달고 고추 달고" 쌈줄도 간장 담글 때도 사용했었다.

이런 고추가 차차 개발 생산되어 세 가지로 풋고추, 붉은 물고추, 붉은 건고추로 편리상 구분해 본다.

풋고추는 다시 덜 매운 식단고추와 청양고추 그리고 꽈리고추 세 가지로 나눈다. 그런데 꽈리고추의 90%는 조림용으로 적합하여 주로 합동급식용으로 소비된다. 따라서 고추 농가들은 꽈리고추를 합동급식 기간을 알고 출하하여야 한다. 소득이 감소됨을 사전에 알아서 일정 조정에 따라 필요량을 출하해야 한다.

우리 선조들은 일찍이 고춧가루를 사용하는데 과학적인 근거는 예상외로 높아 고춧가루 100g에 294kcal이란 결과를 보면서 지혜로운 점에 감탄한다.

이런 고추는 오래전부터 한방에서도 중풍, 신경통, 식욕증진, 동상에 쓰이며 요즘엔 엑기스를 적립선암의 치료제에 사용한다고 한다.

그럼 고추의 역사를 찾아보면 남미 원주민에 의해 8천 년 전부터 식용으로 잉카에서는 고추를 '아히'라 했다.

생각해 보면 신대륙 발견 당시 콜럼버스의 잘못된 소개로 인해 유럽에는 풋고추와 붉은 고추로만 알려졌고 그리스에서는 Chilidhk Pepper라고 부르고 이탈리아에서는 '페페로네'라고 부른다.

우리나라에서는 피망이 단고추의 한 품종이지만 원래는 프랑스에서 고추를 통칭하는 말이다.

고추로 유명한 헝가리에서는 고추를 '파프리카'라고 하는데 헝가리인들은 매운맛보다 고추 특유의 향을 중시하여 품종을 개량해 나가 결국 헝가리 특산의 크고 달콤한 고추의 품종을 개발했는데 이 품종의 종자를 밀반출하다가 발각되면 실형에 처했는데 유럽에도 생명을 내건 유럽식 문익점 같은 분들이 있어 결국 다른 나라로 새어 나갔다고 한다. 하지만, 기후와 토양이 달라 헝가리의 맛을 따르지 못한다고 한다.

고추의 생명은 매운맛이다. 중국의 사천성에서는 고추의 매운맛을 1단계에서 5단계로 표현해 사용했다. 그러나 확실한 경계가 불투명해 매운맛을 측정하기 위한 단위 스코빌 'SHU(Scoville Heat Unit)'을 제정했다.

측정 대상의 고추는 캡사이신이라는 알칼로이드 화합물을 5만 배의 물에 희석하여 다섯 사람의 심사원이 맛을 봐서 측정한 스코빌 단위를 평균하여 낸 방법이 ISO3513이란다.

이것을 기계화하여 측정하는 장치가 개발되어 HPLC라고 한다. 캡사이신이 형광물질임에 착안하여 캡사이신 수용액의 관 속에 광선을 노출시키면 지진계나 습도계처럼 바늘이 그래프를 용지에 스코빌 단위로 기록한다.

이 기록을 보면 파프리카 0, 칠리 900, Red pepper 1만, 타바스코 3~5만, 인도산 버드아이 4만 2천, 일본산 산타카 5만 스코빌이다.

입안이 얼얼하고 머리가 띵할 정도로 매운 청양고추! 한국산 고추는 3,000~1만 2천 스코빌 범위이므로 세계 기준에서 보면 그리 매운 고추가 아니라는 것을 알게 되었다. 우리도 이젠 21세기의 첨단 과학화시대에 살고 있다. 시장에서 "이 고추 매운가요?"라고 묻고 구입하기 보다는 '스코빌' 단위를 사용한다면 더욱 수치화되고 정확한 매운맛을 실생활에 적용할 수 있지 않을까 한다.

04 개명된 복주머니난 꽃

1999년 6월 회문산 자연휴양림에 숲 해설가로 위촉을 받았다. 첫날 같은 숲 해설가인 전 교수로부터 석축한 돌 틈 사이에 한 포기 싱싱하게 성장하고 있는 '개불알꽃'을 안내 받았다. 참 신기하다. 얼마나 닮았으면 이름까지 개불알꽃으로 지었을까! 양반들이 무슨 이유로 쌍스런 꽃이름을 용납했을까? 의문 속에 식물도감을 찾아 교안을 나름대로 작성해 보았다.

'개불알꽃' 그 옛날 산등성이를 아득하게 구비돌고 감돌던 오솔길! 손바닥으로 물 떠마시던 옹달샘! 시인 묵객들이 한가롭게 은거하던 비경 속에는 난초과의 다년생 초본인 개불알꽃들이 지천으로 피어 속삭임이 있었다. 머슴이 먼저일까? 부엌 종이 먼저일까?

한국이 원산지로 요강꽃, 작란화, 포대작란화라 불린다. 개불알꽃의 잎은 3~5cm로 타원형이며 길이 8~20cm, 나비 5~8cm 정도로 털이 약간 있고 기부는 짧은 엽초를 이루고 줄기를 감싸고 밑부분에 달린 2~3개의 잎은 초산으로 되었다.

꽃잎 중에서 2개는 난상 침형이며 끝이 뾰족하고 안쪽 밑 부분에 털이 약간 있다. 개불알꽃의 줄기는 곧게 서고 높이 20~40㎝이며 다세포의 털이 있다. 근경이 옆으로 뻗으며 마디에서 뿌리가 내린다.

개불알꽃 하면 귀에는 여인들의 다듬이소리가 들린다. 또 눈에는 오솔길에 보부상들의 모습이 보인다. 그리고 손바닥으로 떠 마시는 옹달샘 물맛이 곧 개불알꽃의 꿀맛이겠다.

7월 첫 일요일 개불알꽃이 한참 개화되어 독특한 모습을 보여줄 것을 그리면서 대학생 36명과 같이 찾았다.

그러나 토요일에 작업이 이미 끝난 후였다. 쇠창 자국이 돌에 남았고 콩나물처럼 희고 긴 뿌리와 줄기 그리고 잎 몇 장과 피지도 못한 홍자색 꽃봉오리를 남겼다. 아마 필요한 뿌리만 배낭에 가져간 것 같았다.

그렇게 보고 싶었던 개불알꽃을 보지 못한 채 섭섭함과 아쉬운 마음으로 대학생들에게 호소했다. 그래도 어느 한 풍경을 잃어버린 동화인 것처럼 항시 서운함에 개불알꽃이 그립고 그리웠다.

4, 5년 후 전주식물원에서 우연히 봤다. 그런데 개명된 복주머니난꽃으로 바꿔서 내 앞에 나타났다.

개불알꽃 하면 쌍스럽고 유치하다는 점을 강조하면서 개명했다는 것이다. 개불알꽃 하면 남성적인 면에 개의 수컷 거시기에 홍자색의 불알이 마치 꽃을 닮았다고 본 것이다. 복주머니난 꽃하면 여성적인 면에 꽃잎이 주머니 모양으로 본 것임에 틀림없다.

개불알꽃의 개념은 시간개념인지 모른다. 문명이 발달한 오늘날에는 이 모든 것을 아름답고 희망찬 것으로 '복주머니난꽃'으로 바꾸게 되었으리라고 믿는다.

한편 생각해 보면 너무도 슬프고도 쓰린 애환을 간직한 개불알꽃이라 볼 수 있다. 한탄하고 아쉬워하는 것조차 보고 느낄 수 있는 우리의 것들은 거의 남아 있지 않았다. 이에 반해 아직도 우리 곁에서는 빠르게 변하고 개발되는 것들은 적지 않게 존재함을 알 수 있다.

그 예로 오랑캐꽃은 북쪽의 오랑캐들이 봄이면 어김없이 내려와 곡식을 약탈해 가는 때를 상기시키는 꽃인데 봄철에 강남에서 찾아오는 제비를 뜻하여 제비꽃으로 개명했다.

우리네 세월 속에 신발의 발전이 짚신, 가죽신, 고무신, 운동화로 이젠 기능성 신발로 변하였다. 여인네들이 한복을 차려 입고 오이씨 같은 버선발에 꽃무늬 고무신을 신고 나들이를 하면 여성미가 저절로 흘러나왔다. 그러나 요즘에는 미니스커트에 하이힐 구두에 밀려 그만 빛을 잃고 만 것을 실감할 것이라 믿는다.

세상의 모든 것은 싫든 좋든 변하면서도 사람들은 옛 이름 그대로 며느리밑씻개나 개불알꽃을 옛 문화와 양식을 간직한 채 서정적으로 남아 있기를 일부 사람들은 기대한다.

지금 21세기를 맞이한 화려한 세상이다. 옛 모습을 고수하라고만 한다면 어떤 설득력을 갖게 되는지?

요즘 변모를 모르는 사람들을 보면 잘 알 수 있을 것이다. 휴대

폰이 없는 삶, 인터넷 검색을 못 하는 삶, 미래지향성이 없는 계획은 언제나 후회를 낳게 될 것이다. 아무리 개불알꽃이 민속적이고 유머적이고 전통성이 있는 꽃이라 해도 변해야 하고 탈바꿈할 수밖에 없는 현실적인 조건을 가졌다.

과거지향적이고 감성적인 개불알꽃도 좋다. 그러나 그보다도 아름다운 꽃에 아름다운 이름으로 불러주는 것은 더더욱 좋은 것이다.

복주머니난꽃 하면 모나리자의 미소가 떠오른다.

모나리자 미소의 아래입술과 복주머니난 꽃잎은 어떤 인연을 가지고 있을까? 고요에 귀 기울일 줄 안다면 우리는 그 미소 속 홍조 띤 입술에서 풋풋한 소리를 들을 수 있는 귀를 가져야 하겠다.

05 전북도의 보약과 독약

도청민원실에 가면 외국에 나갈 사람들이 여권 신청 관계로 줄을 지어 섰다. 이를 보고 어려운 사람을 돕기 위해서 또 여가시간에 남을 돕기 위한 자원봉사 신청으로 이렇게 줄을 섰다면 우리 도의 발전은 보약이며 세계적으로 혁신될 것이라 생각해 본다.

부유층들은 외국으로 원정까지 가서 몸에 좋다는 것이면 무조건 사 먹고 외화 낭비만 한다. 참 한심하고 따분하며 수치스런 일로 독약이 아닐 수 없다.

외국에 나가기 전에 한 번쯤은 보약이 무엇이며 나의 체질은 어떤가를 알고 나서 약을 선택하는 지혜가 필요하지 않을까 한다.

지난 70년대 중반쯤 '월남벌레'가 건강에 좋다고 해서 사람들도 먹기 힘든 고급 빵과 사과를 가지고 길렀던 일이 있다. 80년대에는 '지렁이'가 만병통치는 물론 몸보신에 좋다고 전국에 토룡탕집들이 성행하며 지렁이 양식업자까지 등장하는 사례가 있었다. 그러더니 90년대 초에 '쇠뜨기풀'이 최고의 보약으로 알려져 들판은 물론 논둑까지 헤매어 뿌리째 뽑아다가 말리기도 하고 삶아서 차처럼 마시곤 했다.

쇠뜨기는 단지 이뇨성분만 있을 뿐인데도 불구하고 만병통치라는 허울 좋은 명목 아래 과장 유행된 것이다.

2000년대엔 다이어트식품 및 운동으로 살빼기 운동이 유행이라 낮이고 밤이고 산행하는 사람들이다.

우선 독약은 용기 또는 포장 주위에 흰 띠를 두른 검은 바탕에 흰색으로 그 품명과 '毒'자를 기재하여야 하며, 극약은 용기 또는 포장에 주위에 붉은 띠를 두른 흰 바탕에 붉은색으로 그 품명과 '劇'자를 기재하도록 되어 있다.

그리고 독약과 극약은 그 품명, 수량, 사용 목적, 판매 연월일, 양수인의 성명, 주소, 직업 등을 기재하고 서명날인한 문서가 없으면 판매할 수 없다. 다만, 의사의 처방전에 의하여 조제 또는 판매하는 경우에는 예외로 한다. 14세 미만인 자에게는 독약 및 극물을 판매할 수 없다. 일반의약품과 구별하여 저장 또는 진열하여야 한다는 것 정도는 상식적으로 알아야 한다.

우선 보약이란 먹어서 몸에 이로운 효과를 얻는 약이고 먹어서는 아니 될 약, 즉 생명에 피해를 끼치는 약을 독약이라 한다.

며칠 전에 산 곰의 쓸개즙 사건에 동물 학대죄라고 매스컴에 나왔다. 과연 우리 몸에 맞을까, 생각해 보기로 하자! 우리가 잘 아는 '산조인'은 볶아서 달여 먹으면 잠이 잘 오고 그대로 먹으면 잠이 잘 오지 않는 정반대의 약효가 있는데 잘 모르고 생으로 먹고는 잠이 오지 않으니 약효가 없고 역효과가 났다는 사람이 있다. 그리고 약쑥도 해변에서 해풍을 받은 것이 좋고 오래 묵은 것일수록 약효가 탁월하다.

파두巴豆의 기름을 빼지 않고 사용하면 위나 장의 구멍이 뚫릴 정도의 독약이지만, 이것을 쥐가 먹으면 살이 찌며 보약이 된다. 또 반하半夏는 생강生薑즙에 담가두었다가 사용하는 극성 약재이지만, 꿩이 먹으면 보약이 되어 1일에 2개씩 알을 낳는다.

그리고 남성南星도 생강과 같이 사용하지 않으면 중독이 될 수 있다. 또 강활羌滑은 땀을 나게 하고 관절통을 그치게 하는 효과가 있으니 파뿌리를 같이 넣어서 끓여야 한다.

삼지구엽초[淫羊藿]를 먹은 양은 하루에 암컷 100마리를 관리할 수 있는 수기가 왕성한 것이지만, 꽃이나 뿌리가 아닌 잎과 대에 한해서 약효가 있다. 감기 해소와 담이 심할 때 무청 우거지나 뭇국을 끓여 먹으면 기침을 멈추게 하고 담을 없애는 작용이 뛰어난데 배추쌈이나 배추김치를 먹으면 효과가 적다. 도라지나물은 목이나 기관지의 염증을 다스리는 효과가 있다.

그러나 반대로 닭고기, 돼지고기, 비늘 없는 생선, 그리고 새우나 오징어 같은 삶으면 붉어지는 생선과 조개류는 담을 유발한다고 하여 염증성 질병에 금기하고 있다. 또 감염으로 몸에 열이 심하고 식욕도 떨어질 때 미음이나 흰죽을 먹는 것은 위장의 부담을 줄이기 때문에 좋다. 이것을 해독과 해열 작용이 있으면 비기脾氣가 상역하는 것을 다스린다고 한다.

발열로 땀을 많이 흘렸거나 체액을 많이 상실하여 탈진 상태에 있을 때 콩나물국은 해독과 체액 조절을 해 준다.

그리고 여름철에 부패한 음식이나 세균에 오염된 식품을 잘못 먹고 식중독이나 급성위염으로 빨리 회복이 안 될 때 마늘을 구워서 먹는다. 이 마늘은 음식의 조미료로 많이 쓰게 되면 정상효과가 크다. 간경변증으로 복수가 있을 때 호박 속을 파내고 미꾸라지나 가물치를 넣고 달여 먹게 되면 이뇨 작용과 혈청단백질 저하의 치료에 효과가 있다.

그밖에 우리 조상은 각종 질병의 병태와 체질에 따라 각종 식양법의 처방을 많이 하였는데 오늘날 현대 과학적인 영양학으로 인하여 별로 소중하게 다루지 않고 있다. 그러나 사람의 질병은 체질과 풍토 습관을 무시하고는 올바른 치료가 어렵다는 생각도 한번쯤은 해 봐야 할 것이다.

그럼 우리가 즐겨 마시는 술은 적당량은 보약이 되지만, 곱살맞은 성격에 한두 잔 시작되어 술이 사람을 마셨다면 분명 간肝이나 위장을 망치는 독약이 된다. 그러기에 아무리 좋은 약도 과다하게 쓰면 결국 독약이 될 것이고 청산가리나 아편 같은 마약도 소량으로 적절하게 사용하면 좋은 약이 될 수도 있다.

아리따운 여인 치마끈 푸는 소리를 들으며 큰 숨을 줄이고 귀에 손을 대고 들어 주시오. "보약은 몸이 허할 때 보약이고 정력 및 스테미너(stamina)가 궁하면 미약媚藥이란 것도 있다는 것을……."

06 지리산의 약용 나무들

백두산 장군봉에서 출발하여 북한 구간은 향로봉까지 937.8km이고, 남한 구간은 향로봉에서 지리산까지 683.7km라 지리산 천왕봉까지는 1,621.5km를 뻗어내린 셈이다.

지리산(1,915.4m)은 국립공원(440.4㎢) 제1호로 1,500m 이상의 봉우리가 18개이고, 1,000m 이상의 봉우리는 40개에 이른다. 그윽하고 깊숙하며 아름다운 계곡이 73곳이며 곳곳에 기암과 괴석이 우뚝 솟아 있어 824종 식물과 421종의 동물이 살고 있다. 이중에 식물 중 목류로 약용할 수 있는 나무를 찾아보기로 한다.

이른 봄이면 누구나 찾는 골리수로 불리던 단풍나무류에 '고로쇠나무'가 있다. 이는 도선 국사의 무릎이 쭉 펴진 약수로 뼈와 위장에 좋다 하여 한 번쯤은 다 마셔 보았을 것이다. 다음은 '괴불!' 처음 듣는 사람도 있겠지만, 이름도 특이한 나무다. 꽃과 붉은색 열매가 아름다워 관상용이지만, 소염제 성분이 가득한 '괴불나무'다.

새싹이 돋을 때 마치 말의 이빨처럼 힘차게 솟아난다고 해서 붙여진 이름으로 버릴 것 하나 없는 만병통치약으로 신경통, 요통, 방광염, 위장병, 양기부족, 습진치료에 쓰는 '마가목'이다.

천상에서 아끼다 지상에서 키운다는 나무가 있다. 송장 썩은 냄새가 고약해도 중풍, 혈압, 반신불구, 고혈압, 풍토병에 좋고 또 좋은 것은 다 가진 나무로 한방에서 '해주상산'이라 하는 '누리장나무'가 있다.

또 눈을 밝게 하고 갈증 해소, 고혈압에 좋은 나무로 잎, 꽃, 열매를 한 번 피우면 서운해서 한 해에 두 번씩 피어 열리는 '구기자나무'가 있다.

산바람에 움직이지 않는다 하여 독활이고 흔히 '땅두릅'이다. 중풍, 두통, 신경통, 관절통을 다스리는 '독활나무'도 있다.

그 옛날 고려 문종의 병을 다스리기 위해 송나라에서 들여온 나무로, 관절통, 진통, 임신누출의 치료제로 인삼보다 귀한 선목仙木으로 불린 '두충나무'가 있다.

요즈음 남자의 혈액순환을 원활하게 하며 정력이 강해져 요강을 뒤엎을 정도의 힘을 낸다는 '복분자나무'가 술로도 유명하다.

이름은 유명하지만 유독성 '안드로메도톡신' 성분이 있어 잘 쓰면 약초, 잘못 쓰면 독초인 '만병초'도 있다.

생김새가 매발톱을 닮았다. 신경쇠약, 구내염, 위궤양, 산후출혈, 황달, 암 치료에 특효인 '매발톱나무'가 있다.

그런가 하면 뿌리를 달인 물은 폐렴, 결핵, 소염, 이질, 황달 치료제이며 조경 식물인 '매자나무'도 있다.

옛 할매의 지혜로운 요리법인 민물고기 비린내 제거로 추어탕 향신료이며 류머티스 신경통에 사용하고 설사, 소화불량 치료제인 '산초나무'다.

이국적인 자스민 향은 우울증이 심한 사람에 좋고 소염제, 해열제, 지혈제로 사용하는 노란색의 고귀한 염료가 나오는 '치자나무'며 보리수 열매처럼 아름답다. 소화불량과 월경불순의 치료제인 비타민C의 보고로 노화방지, 향수의 재료인 '생열귀나무'로 듣지도 보지도 못한 나무다.

그런가 하면 산삼은 풀이요, 나무는 오갈피라 영어 학명 '아칸토파닉스'는 "만병을 다스리는 가시나무"라는 의미로 자양강장제, 피로회복, 관절염, 요통, 당뇨의 치료제인 '가시오가피나무'가 있다.

공해에 약하지만 피로회복제로 늦가을 노랗게 물드는 단풍으로 조경의 가치에 탁월한 '팥배나무'가 있다.

한방에 '지구자'라 하며 해소, 숙취, 치료제로 뛰어난 '헛개나무'가 있다.

옻닭을 먹고 피부에 옻독이 오르게 하는 '우루시올' 성분은 월경불순, 기생충, 보약으로 사용한다. 또 전기에 대한 저항이 강하며 천연도료인 '옻나무'가 있다. 이 독은 '산초나무' 잎이 효과적이다.

그 옛날 의상 대사가 영주 부석사 조사당 앞에 지팡이를 꽂으니 그 지팡이가 있던 장소에 꽃이 피었다고 하여 선비들의 꽃으로 알려져 해수, 급성유선염, 타박상에 효과가 있고 술을 담그면 관절염, 신경통에 좋다는 '골담초'다.

공해에 약하지만 다섯 가지의 미묘한 맛과 자양강장제로 자랑하는 '오미자나무'도 기억하면 편리한 점도 있다.

페르시아에서 중국의 장건이 전한 나무로 감기나 불면증, 기억력 증진제로 불포화 지방산을 자랑하는 '호두나무'가 있다.

해독에 좋고, 소화불량증, 임질, 매독, 하리에 효과가 있으며 수은 중독증의 치료제인 망개, '청미래덩굴'이 있다.

이른 봄 노란꽃 피우고 몸을 보신하는 자양강장제로 귀를 밝게 하는 기능이 있다는 '산수유나무'다.

나뭇가지는 복통, 해열, 가래의 치료제며 나무껍질은 '삼첩풍'이라 하여 아이를 낳은 산모의 산후통에 좋은 '생강나무'가 있는데 봉동생강과는 다른 점을 밝힌다.

항암제의 주원료인 '주목'이 있다. 또 세계에서 제일 많이 팔리는 약으로 '아스피린'의 주원료인 '버드나무'도 있다.

07 전라도 '이질풀'이 러시아 정복!

조일전쟁, 청일전쟁, 중일전쟁에서 계속적으로 승리한 일본군은 러일전쟁이 발발하기를 계획하고 만주 땅에 군대를 주둔시키고 있었다. 그런데 일본군 진영에 큰 사건이 발생했다. 평소 건강하던 일본 군인들 중에 만주에서 근무하면서 특별한 질병 없이 사망하는 사례가 속출했으니 당황하기 마련이다.

일본군 지휘부 '이타가키 세이시로(板恒征四郎)' 대좌는 면밀히 조사한 끝에 그 주범이 설사임을 알아냈다. 그리고 천황에게 "일본사람들의 가장 큰 약점이 김치와 마늘, 그리고 고추를 싫어하여 장염으로 설사하는 것을 가장 두려워한다. 이곳의 물은 빙하가 녹아내리는 물로 석회질과 기타 광물질이 많이 함유된 물을 마시니 즉시 설사로 2~3일 후엔 사망에 이르니 일본군 전투력이 약화된다."는 보고서를 올렸다.

이에 천황은 칙령을 내려 배탈과 설사에 우수한 한약을 만들게 했다.

그 연구결과 '조선 땅에 설사로 명약초가 이질풀이다.'는 점을 알아내었다.

이질풀은 쥐손이풀과(—科, Geraniaceae)에 광지풀, 현초玄草, 현지초玄之草라고도 한다. 산이나 들에 절로 나는데 키는 50㎝ 가량 속하는 다년생초. 줄기는 옆으로 비스듬히 자라거나 기듯이 뻗으면서 자라고, 줄기를 비롯하여 전체에 털이 많고 뿌리는 여러 개로 갈라진다. 잎은 손바닥 모양으로 마주 나며, 3~5개로 갈라진다. 너비가 3~7㎝ 정도인 잎은 앞뒷면에 검은색 무늬와 털이 있다. 8~9월에 분홍색, 홍자색,백색 등의 꽃이 피고, 민간 처방으로 이질과 설사의 약으로 쓴다는 점을 알았다.

이에 따라 주요 산지가 들녘의 논과 밭 그리고 야산에 잘 자라는 잡초로 밝혀짐에 따라, 일본 정부는 조선 총독에게 전라도 평야지에 체취권의 특령이 내렸다. 그 시대 전라도 관찰사 이완용(1897~1899)은 밤낮 구별 없이 체취에 총력을 가했다. "주식인 쌀", "설사에 이질풀", "향료에 박하", "감기에 생강" 등의 한약재가 즉시 전주 부내 시장을 비롯해 대야장, 남원장, 정읍장 김제장 등에서 거래가 왕성해 금융조합이 탄생되었다. 또한 수거한 품목들이 우마차를 이용해 집결한 군산에 군산항의 개항(1899)을 서둘렀다.

이질풀은 일본의 다이코신약 회사에 납품하여 3년간의 연구진에 의해 개발되었다고 한다.

이질풀의 성분으로 만든 약을 먹는 후에 만주에 주둔한 일본군은 러일 전쟁(1904~1905)에서 승리를 거뒀다. 이 약이 바로 정로환征露丸이다. 러시아(露 : 로시아 표기)와 정(征 : 정벌의 뜻) 환(丸 : 한약환)이라는 뜻이다.
오래전부터 장염에 약한 일본사람의 가정상비약으로 자리 잡은 정로환 제조기술의 유출을 다이코신약이 철저히 군사비밀 정도로 부치었다.

정로환은 방부살균 작용과 위장기능 촉진에 효과가 있는 여러 가지 생약재를 합리적으로 배합하여 만든 것이다. 그러기에 배탈, 복통, 설사에 치료효과가 높았다. 이런 반면에 결점은 고약한 냄새로 먹기에 번거롭게 여겨질 때가 문제였다. 그 후에 냄새를 제거하는 방법에 당의정으로 정로환을 개발하니 복용이 더욱 편리해졌다.

그러나 약 36년 후 조선총독부 임업시험장 보고서(제22호 1936. 3.) 조선 야생 약용식물에는 93과 227종인데 전주 부근에 83과 186종으로 그 명단에 이질풀은 없었다. 민가에선 가정상비약으로 대신 양귀비(아편)를 몰래 재배해 사용했으니 이질풀에 대한 강제 채취령이 어느 정도인지 가히 짐작이 가고도 남았다.

세월이 흘러 1950년 산천에 자생으로 난 이질풀들을 6·25전쟁 때 빨치산들의 명약으로 또다시 씨가 말랐다. 그 결과 현재 100가지 야생초 중에 희귀종으로 자리를 차지하니 아는 사람이 거의 없을 정도다.

산천초목이 싱그럽게 피어오르는 우리 땅! 우리 것이 전하는 자연의 신비로움에 탄성을 지르고 싶다!

자연을 사랑하고 자연에 감사하며 자연 안에서 삶을 실천한 우리 선조의 생활모습을 통해 자연과 조화를 이루며 사는 지혜와 슬기를 자랑하자!

08 장안산의 만병초萬病草는 독 나무다!

백두대간 영취산에서 갈라진 금남호남정맥이 북서쪽으로 뻗어 가다가 우리나라의 8대 종산이며 호남의 제일 산이라는 장안산(1,237m), 신무산(896m), 차고개를 지나 팔공산(1,151m)에 이르는데 이 산줄기에는 해발 800m 이상의 높은 산, 깊은 골에 병개암나무, 뽕잎피나무, 노각나무 등 희귀한 나무와 곱슬사초, 뻐꾹나리 등 특산식물이 많았지만 그 중에서도 '만병초萬病草'가 유달리 많았다. 민가에서 만병통치약으로 사용되는 나무로 알고 무자비하게 채취해 갔기에 이젠 멸종위기 식물 중 하나가 되었다.

백두산 천지 주변에는 화살곰취, 구름국화, 비로용담과 더불어 노랑만병초가 좀참꽃과 같이 일색을 이뤄 큰 군락을 이룬 사진을 보면서 느낀 점이 있다.

잘 쓰면 약이 되지만 잘못 쓰면 독이 된다는 만병초를 모르면서 먹은 인생에게 진달래과의 늘 푸른 덩굴나무로 독목毒木이란 것과 강원도 지방에서는 들쭉나무라고 부르는 것을 알리고 싶다.

우리는 항상 대나무라 한다. 이 대나무는 풀草 종류지만 "풀잎이 가을 만나면 빛을 바꾸고 나무가 가을을 만나면 잎을 벗는다."는 구양수의 시詩처럼 소나무와 대나무는 사시사철 푸르러 우선 일급으로 쳐주는 대우를 받고 있다.

그러나 이와 반대로 만병초는 나무지만 풀草 대우를 받는 나무임을 강조하고 싶다. 왜 그럴까?

만병초! 그 이름 그대로 만 가지 병에 완치되는 나무로 알고 그 효과에 기대하며 고혈압 환자도 저혈압 환자도 같이 썼고, 심지어 당뇨병, 간경화증, 심장병, 심부전증, 관절염, 불임증, 중이염, 두통에 효과가 있다고 하고 정력증진까지 먹었는데 상상 외의 결과는 만병초의 잎에 유독성 '안드르메도톡신' 성분이 함유되어 독약을 먹었던 사실을 밝혀준다.

그러니 만병초에 대한 기대감에 따라 아픔의 고통이 사라질 것으로 알고 먹었던 환자의 희망이 오히려 좌절과 실망을 주었던 결과였다. 죽음 아니면 병신이나 중환자로 되는 신세가 아니겠는가!

그래서 나무木에서 풀草로 강등 당해 '만병나무'가 우리 귀에 어색하게 들리고, '만병초'가 귀에 익숙히 들리는 것이 당연하게 되었던 것이다.

이런 만병초는 습기가 많은 토질이나 또 햇빛도 가리지 않아 반그늘에서도 잘 자라지만 공해에는 아주 약하다.

나무껍질은 잿빛이 섞인 흰색이며 가죽 같은 질감이다. 잎은 어긋나지만 가지 끝에서는 5~7개가 모여 달리고 타원 모양이며 유독성이 강해 근처에 곤충이 모여들지 않는다. 꽃은 6~7월에 피고 10~20개씩 가지 끝에 총상꽃차례로 달리며 흰 꽃 진달래와 비슷하지만 작은 반점이 있다. 작은 꽃자루는 붉은빛을 띤 갈색으로서 털이 빽빽이 난다. 수술은 10개이고 암술은 1개이다. 씨방에는 갈색 털이 빽빽이 나며 열매는 삭과로서 타원 모양이며 길이 약 2㎝이고 9월에 갈색으로 익는다.

이 잎은 병균을 죽이는 살균효과가 강해 습진, 무좀 같은 피부질환의 치료제이며 진딧물이나 개미 등 농작물의 해충을 방제하는 농약으로 사용한다.

그 증거로 만병초의 잎을 따다가 끓인 물로 소, 애완용 개, 고양이 등 가축을 목욕 시키면 이, 벼룩, 진드기 등 해충이 죽는다는 사실을 알았다.

이젠 만병초의 참모습을 알았으니 옛 속담에 "이제 철이 들려나 보다."를 기억해 우리 산도 우리가 지키자는 뜻에서 "그 자리에 그대로 두고 보아야 그 아름다움을 느낄 수 있다."는 자연섭리를 깨달아 저탄소 녹색성장 운동의 일원이 됩시다.

09 운장산의 인삼

날씨가 따뜻한 초겨울날 운장산 상봉에서 13:00 정각 서울 ○○ 산악 팀과 만나기로 약속에 1박 2일의 산행에 나섰다. 연동계곡 감나무마다 빨간 감이 주렁주렁 매달려 까마귀를 기다리고 있다. 연석산 917m에서 만항치를 거쳐 서봉 남릉에 올라서자 낙엽송 우거진 능선 위로 눈 길이 곧게 뻗어 있다. 과연 고산의 일기를 예보하기는 어렵다는 말을 실감나게 들었다.

그러나 큰일이다! 눈앞이 보이지 않을 정도로 퍼붓는 폭설과 억센 산바람이 얼굴을 때리자 정신이 번쩍 들었다. 능선을 빼곡히 메운 산죽은 녹색 기운을 조금도 흐트러뜨리지 않고 발목을 잡았다. 그러니 시간과 거리를 측정 못 하고 방황했었다. 서봉(독제봉, 1,113m) 정상에 올라선 즈음엔 큰 바람이 불어 몸의 중심 잡기에 힘들었다. 그래서 서울 팀에게 연락을 했다. 그러나 겨울산은 역시 눈이 있어야 산행의 맛이라고 하며 강행을 권한다.

우린 주봉(운장산 125.9m)에 올라서니 15:30이었다. 서울 팀서 소식이 왔다. 점심 먹고 산행을 시작할 계획으로 식당에 들어서니 주인 왈 "금일 산행은 곤란하오. 이곳은 오후 3시면 산이 꽁꽁 얼어 움직이지 못하오." 하니 포기하고 돌아갈 계획이다. 섭섭한 마음 달래며 남쪽을 바라보니 마이산이 부부암으로 반겨주고 가야 할 복두봉이 산괴를 이룬 채 유혹하고 있다.

그러나 여기서부터 가야 할 동봉에 눈 길로 사람의 족적이 전혀 없다. 그래도 우린 계속 산행을 했다. 조심들 하세요. 일단 넘어지면 중상이요. 각우목재로 이어지는 급경사 내리막은 젊은이들은 즐거움이지만 70세 이상에게는 긴장감을 주었다. 야트막하지만 얼음이 얼어붙은 상태에서 눈이 덮히고 위쪽은 날카로운 고드름이 걸려 있는 바위벽도 보기만 해도 머리칼이 쭈뼛이 서는 것을 실감한다. 이제 젊은이들은 구봉산 1,002m 쪽으로 향했다. 우리 셋이서 배낭이 가벼워질 때 하산을 하였다. 생각조차 못 한 변화가 갑작스럽게 일어났다.

이젠 신의 걸작인 하얀 세상이다! 길까지 잃어 헤매다 주위의 큰키나무를 보고 남쪽 방향만 겨우 알 정도로 더듬거리며 내려왔다. 정강이까지 빠져드는 눈 길을 헤치며 서너 시간이 지났을 때는 뒷사람은 앞사람이 찍어놓은 발자국을 밟으며 한 발 한 발 옮기었다.

주위가 캄캄했다. 산삼 냄새처럼 귀한 냄새가 났다. 사람의 똥 냄새였다. 이는 분명히 구원병을 만난 듯 너무나 반가웠다. 근처에 사람이 있다는 육감으로 찾으니 큰 바위 밑에 움막 하나를 발견해

하룻밤을 같이 지새우게 되었다.

이들은 장뇌삼 밭을 지키는 사람들이다. 나로선 처음 듣는 일이라 자세히 물어볼 수밖에 없었다.

해방 후만 하여도 금산군이 인삼 재배지로 유명했다. 그러나 인삼은 한 번 심으면 다시 심지 못한다. 그러기에 운장산 밑 진안이 인삼단지로 새롭게 각광을 받고 있고 홍삼제조공장까지 가동하고 있다. "옛날엔 운장산을 산꼭대기엔 산죽이, 산 중간엔 소나무가, 산밑엔 칡덩굴이다." 했는데 운장산 산꼭대기엔 산죽이, 산 중간엔 산삼이 가장 좋아하는 나무로 피나무 그리고 오동나무, 옻나무, 떡갈나무, 단풍나무, 오리나무, 산벚나무 가래나무가 있고 그 밑엔 산삼과 친구인 고사리, 속새, 괭이밥 등이 자라고 있다. 그리고 산밑엔 인삼 밭으로 골짝마다 검정 천으로 햇빛을 가리고 있다.

또 산삼에는 천종天踪, 지종地種, 인종人種이라 해서 그 종자를 먹은 새들이 날아가 산속에 배설하여 자생시키고 이 천종의 씨앗들이 주위에 떨어져 번식을 하게 되면 다시 종자를 채취하여 깊은 산속에 뿌려 야생상태로 재배하면 비로소 '장뇌삼'이라는 이름을 부여받는다.

그러니 심마니라 할까, 심메꾼이라 할까, 장뇌삼 재배가라 할까?

이들은 한삼 기간(5일) 전에 살상을 금지하고 상가에 문상까지 억제하며 노린내 나는 육류나 비린내 풍기는 생선을 금했다. 그리고 가족에게 인사도 없이 홀수일에 집을 나섰다는 것이다.

나는 그 옛날 전라도 금산군 남이면에 홀어머니를 봉양하는 강

처사가 있었는데 아버지를 일찍 잃고 홀어머니가 불치의 병에 걸렸다. 그래서 진악산 관음굴에 들어가 산신에게 지성으로 기도를 하였더니 산신이 현몽하여 관음 바위절벽에 가면 빨간 열매가 3개 달린 풀이 있다, 그 뿌리를 어머니께 달여 드려라. 그리고 씨앗 3개를 남이면 성곡리에 심었더니 뿌리가 사람과 비슷하여 인삼人蔘이라고 하였다는 생각이 떠오른다.

그러가 하면 중국에서는 인삼의 최초 기록은 후한 헌세 건안연간의 장중경이 지은 『상한론傷寒論』에 나온다. 그리고 『해동어락海東語略』에 따르면 불로초란 뜻으로 한반도의 인삼을 말했다. 그러가 하면 『서유기西遊記』에 나타나는 인삼은 불사의 신약과로 외형사는 어린아이와 같다고 했다. 그래서 환상적 이야기에서 동자의 형태로 등장한다.

그럼 우리나라의 동자삼 전설을 알아본다.

옛날 외아들을 서당에 보내면서 병든 아버지를 봉양하는 내외가 있었다. 그 아버지의 병은 백약이 무효라 고민을 하던 중 동냥하러온 중이 "서당에서 돌아오는 아들을 큰 가마솥에 삶아 아버지에게 드리면 나을 것이다." 했다. 효성이 극진한 내외는 눈물을 머금고 그 말대로 따라 했다. 아버지의 병환은 당장에 나았다. 기쁜 마음과 슬픔에 잠겨 있을 때 아들이 "서당 훈장님이 붙들어서 늦었다."고 하면서 들어왔다. 하도 이상해 솥을 열어보니 큰 산삼 한 뿌리가 있었다. 이것은 몇백 년 묵은 것으로 낮에는 둔갑을 해 민가를 다니며 훌륭한 사람을 찾다가 저녁이면 제자리에 산삼으로 박혀 있던 동자삼童子蔘의 전설이었다.

이런 인삼을 조선시대 장승업의 두루마리 그림에는 첫째는 장수를 뜻하는 암석과 계절이 다르게 피는 여러 가지 꽃과 과일, 둘째는 복福을 의미하는 불수감佛手柑, 셋째는 백세를 뜻하는 백합뿌리, 넷째는 손자 일찍 보기를 기원하는 밤톨 등과 함께 다섯째로 장수를 상징하는 인삼이 그려진 「백물도百物圖」를 생각하면서 인삼에는 믿음으로써 더 효험이 있다는 사실을 말하고 싶었다.

10 숲속의 복병 독충毒蟲

금남정맥의 산줄기가 솟아 오른 안수산(553.6m) 자락의 계곡에 있는 고산휴양림에는 계절 따라 쉼 없이 잎이 돋고 떨어뜨리며, 꽃이 피고 진다.

봄꽃은 철쭉, 산벚나무, 야생화가 화사하게 피어서 희망에 부풀게 하고, 여름은 무더운 땡볕 아래 울창한 숲, 짙푸른 잎사귀는 건강의 멋으로, 가을의 화려한 단풍잎은 사색하고 행동을, 그 옆 상록수는 청청함을 보이며, 겨울 숲에서 기암괴석과 설경을 보며 인생의 무상함을 찾는다. 그러나 산새들의 오케스트라 연주를 들으며 마음의 즐거움을 느끼는데 즐거움만이 있는 게 아니었다. 반드시 복병이 따라 다닌다는 것 정도는 자연을 자연으로 바라보란 것이다.

숲 속 길 가다 보면 날렵히 비상하는 것, 삽상한 날갯짓하는 것, 이 모두가 아름다움과 신비로움이다. 그런가 하면 벌에 쏘여 죽었다는 사람도 심심치 않게 듣는다.

독초가 인간이나 동물에 해를 끼치는 독성분을 함유한 풀이라면 독충은 인간과 동물에 독을 가지고 직접 또는 간접으로 해를 끼치는 곤충이라 할 수 있고 그 종류 또한 수없이 많다고 한다.

그럼 독을 가지고 있는 벌레는 그 독으로 자신을 적으로부터 보호하고 먹이를 얻는 수단으로 죽음을 각오하며 싸운다. 그러기에 산행 전에 미리 알아두는 것이 현명한 지혜의 수단이라 할 수 있다.

산행에서 제일 많이 겪는 독나방, 쐐기나방의 애벌레는 독모毒毛가 있어 이것이 피부에 닿으면 염증을 일으킨다는 것과 더 세밀한 것은 독나방의 성충 암컷의 복부에 독모가 밀생하여 극심하니 눈에 접촉되지 않게 조심할 사항이다.

긴머리하늘소는 적을 만났을 때 다리 관절에서 체액을 분비하는데 노란 액에는 '칸타리딘'이 포함되어 있으며 물집과 피부염이 생긴다. 또 흔한 벌, 개미는 산란관의 변형인 독침으로 적의 체내에 '의산'과 같이 강한 산성 물질을 주입하니 즉시 벌침을 제거하는 것이 우선이다. 그리고 빈대, 벼룩, 모기는 입을 통해 독을 인체에 주입한다. 그러기에 숲 속에선 긴소매의 옷을 입어야 한다는 것쯤은 상식적으로 알 것이다.

그럼 독충에 대한 예방법을 더 자세히 말한다면 우리 몸에는 270가지 이상 화학적 냄새가 있는데 산이나 숲에선 아주 귀한 냄새로 좋은 기회를 놓치지 않으려고 악착같이 덤벼든 곤충을 손으로 때리면 틀림없이 공격을 받는다는 걸 꼭 알아야 할 점이다.

또 색깔로 말하면 독충은 적색, 청색, 검은색의 순서로 좋아한다. 이것을 적어도 7m 이상에서도 구별할 수 있다고 곤충학자들은 말한다. 그러기에 원색의 옷도 피해야 한다. 만약 일행 중에 한 사람이라도 원색의 옷을 입었다면 집단 전체가 공격당할 수도 있다. 서양의 어느 학자는 독충은 청색을 싫어한다고 하여 한때 청소년의 옷을 청색 상하로 지정한 사실도 있었지만, 이젠 적색 다음으로 좋아하는 청색을 실험 결과가 나왔다.

산행하는 사람은 상식적으로 다 알고 있지만 화장품 냄새를 좋아하는데 남성보다 더 여성의 화장한 얼굴을 좋아한다. 특히 쌍쌍벌, 땅벌류와 같이 독성이 심한 벌일수록 더 좋아한다. 곤충뿐만 아니라 모든 동물들 중에서도 수컷들은 여성호르몬이 많이 분비되는 여성을 찾아 공격한다.

아이들에게 조심할 사항은 벌, 파리 종류는 아이스크림, 콜라, 주스, 사이다, 과자류, 설탕, 사탕류의 노출을 삼가야 한다. 이것을 어기면 같이 먹고 살자며 복병이 틀림없이 공격한다.

또 있다. 어른들의 술좌석에 벌, 파리가 같이 먹자고 공격하는데 술은 소주보다 맥주를, 맥주보다 막걸리를 더 좋아한다. 아무리 취해도 술잔을 잘 보고 마셔야 한다. 가끔 입술에 며느리밥풀데기꽃처럼 붉어진 반점 무늬가 생긴 것을 심심치 않게 보았다. 얼마나 따갑고 아플까 상상도 해 볼 만하다.

해 질 녘엔 땀 냄새, 발 냄새, 향수 등 냄새를 곤충들은 물론 그 중에서도 모기란 놈은 보약으로 생각한다는 것쯤은 알고 산행하는 것이 좋다.

그럼 재미나는 곤충 일화를 세계 역사 인물들에게 관련해 들어본다.

알렉산더 대왕도 33세에 모기에 물려 말라리아 병으로 죽었다. 또 칭기즈칸이 막강한 힘으로 서유럽을 정복코자 했으나 병사들이 말라리아에 걸려서 포기하고 말았다. 그런가 하면 나폴레옹의 군대도 이탈리아에서 패한 원인을 알아본 결과 말라리아 열 때문에 병사들이 활동할 수 없었다는 것이다.

그러나 콜럼버스는 모기 있는 곳만 발견해서 모기제독이란 별명까지 얻었다.

독충에 물렸을 때 된장은 옛날 할머니 방식이고, 암모니아수는 어머니의 방식이며, 계관을 상처에 바르는 것은 오빠의 방식이다.

그럼 우리 시대는 독충의 종류를 파악하고 그 주위에 명아주란 잡초의 잎을 찾아준다면 지금까지 버림받던 우리 야생초들도 기뻐할 것이요, 잡초 사랑 속에 우리 것, 우리 풀들의 즐거운 합성이 들릴 것이다.

11 세 가지에 다섯 잎

일본 오사카 동양도자미술관에 소장된 '고려 청자철재 백상감 삼엽문 매병'은 우리나라 것임은 틀림없었다. 다시 옆을 보니 중국 '청자철재 백서 삼엽문 매병' 밑에 12세기로 표기되어 두 개가 좌우로 나란히 전시되어 있었다. 안내양은 이 3잎 무늬를 가리키며 "고려인삼 무늬로 국보급 문화재입니다."라고 해설하였다. 한국 관람객 중 한 사람이 해설가에게 "고려인삼의 잎은 몇 잎인가요?" 했다. "예, 분명히 3잎이지요." 하며 인삼 무늬를 다시 가리킨다. 답이 끝도 나기 전에 또 다른 사람이 "그럼 인삼 밭에 있는 인삼을 본 일이 있습니까?" 한다. "그런 일은 없다."고 했다. 이제 모든 관람객들은 질문한 한국사람을 의아하게 바라본다. 하기야 우리나라 밭의 인삼 잎은 분명히 5장이 틀림없으니 부정할 사람도 없을 것이다.

인삼은 드릅나무과로 한 줄기가 60㎝ 정도 곧게 자라 3가지로 잎은 5장의 장상 복엽이다. 맥상은 가시 털에 있고 꽃잎 5장, 수술 5개로 4월에 황록색의 꽃이 피고 붉은빛 장과로 익는다. 자연산은 산삼이라 하고 밭에 재배한 것은 가삼家蔘이다.

조선시대 『임원십육지林園十六志』에 고려 인삼찬 非旱非濕 非陰非陽也. "건조하지도 그렇다고 많은 습기를 싫어하며 햇살이 산란광으로 가늘고 흩어져 들어오는 곳에서만 양지를 등지고 응달로 향했구나." 했다.

원득삼산불로초願得三山不老草로 중국 진시황제가 5,000명을 동원해 얻기를 원했으나 못 구하고 49세로 세상을 하직했었다. 그처럼 희귀식물로 인정한 것으로 산삼山蔘, 선초仙草, 불로초不老草로 명약 중 명약이라 불러온 세 가지에 다섯 잎을 인삼이라 한다.

한 뿌리 맑은 고려의 정신
옥빛 하늘에서 건져 낸
빨간 심장을 지니고
아침 이슬 빛나는 눈 속에서
너는 끓는다.

— 박건수 「인삼고」에서

오갈피나무 잎도 5잎이요, 음나무 잎도 5잎이요, 단풍나무 중에서 5잎인 것은 고로쇠나무라 해서 수액을 먹고 있다. 그래서 5잎인 인삼이 명약이 된다. 그럼 5잎만이 우리 몸에 좋은 약이 될 수 있는 것일까! 우리 속담에 "고가의 산삼을 먹고 목을 맨다."는 말이 있다. 산삼을 먹어 병은 고쳤으나 도리어 빚에 쪼들려 목을 매 죽는다는 뜻이다.

나는 3장과 5장의 의문에 30년간 지리산 심마니 생활한 노인을 찾았다.

산삼은 주로 어떤 종류의 수목 밑에서 찾아야 하는가 물으니 꿈에 백발이 정결한 노인의 인도와 효심이 높은 자손에게 조상의 현몽으로 얻게 했다는 전설과 이야기로 "깊은 산속 피나무 밑에 찾아와 주려무나 했으니 당연 피나무지요." 그리고 오동나무, 옻나무, 떡갈나무, 단풍나무, 오리나무, 산벚나무, 물푸레나무, 가래나무 아래에서 고사리, 오미자, 속새, 괭이밥 등과 사이좋게 자라며 친하게 산다.

그러나 이들이 자라는 곳에는 다른 풀들이 자라지 않으며 자라더라도 약하여 주변의 흙이 노출되다시피 된 것을 자주 보았다고 한다.

워낙 생육 조건이 까다로워서 씨앗 상태로 30년씩 걸려 5가지 모양을 갖출 때면 1백 년 이상 된다고 한다. 그래서 산삼은 3장의 잎으로 진화가 되지 않는 것이 많다.

이들의 세계엔 산신령에게 제를 지내고 그 뜻에 따라서 행동하며 철저한 금기를 지킴으로서 심마니의 자질을 갖추는 것이다.

심마니의 경지에 도달되면 하루 중 미시未時 경이 가장 잘 보이고 발견 확률이 높다. 발견 즉시 "심봤다." 3번 소리를 질러 일행에게 알리고는 맨손으로 캔다. 다음엔 백지 2장을 깔고 2색의 천을 걸어 놓고 술과 명태, 그리고 백설기 등을 제물로 감사의 산신제를 올린다. 의외로 수백 년간 성장한 것을 캤을 때는 소를 잡아 제를 올린다고 한다.

라이트(Wright. J.)는 베토벤의 피아노, 바이올린, 첼로를 위한 3중주협주곡 제3악장 론도 알라 폴락카에 산삼을 발견한 심마니가 환희의 춤을 너울너울 추는 모습이 떠오른다.

산삼을 먹으면 누구나 다 효과效果를 볼 수 있는가?

"공해나 부작용 없이 청정자연의 신비다. 산신령만이 아는 명약이라는 상징성으로 공통적 알고 있으나, 모두가 아니다."

부정하면서 먹는데도 정성과 체질 그리고 감사의 마음에 따라 다른 효과가 나타난다고 힘주어 강조한다. 오염된 체내를 맑고 맑게 정화한 후에 먹어야 됨을 암시한다. 이 말에 깊은 뜻이 있다는 것을 느꼈다.

첫째는 산삼을 먹기 사흘 전부터 구충제를 복용하여 내장을 깨끗이 한다.

둘째는 이틀전 부터 짜고, 맵고, 신 음식을 멀리한다.

셋째는 해산물과 민물고기는 삼가한다.

넷째는 녹두, 콩, 무로 만든 음식을 삼가한다.

다섯째는 술과 담배도 금할 것이다.

여섯째는 전날에는 미음이나 흰죽을 먹어야 한다.

일곱째는 당일 해가 뜨기 전 공복상태에서 그저 감사하면서 생체로 천천히 섭취한다.

여덟째는 음주나 목욕도 삼가하고 부부간의 잠자리도 금한다.

이 과정을 갖추어야 효험을 볼 수 있단다.

요즈음 외국산 인삼이라 수입한 '맨드레이크'라는 식물뿌리가 두 가닥으로 걷모양으로 해서 인삼을 연상시킨다. 이것은 독초이니 조심해야 한다.

산삼에 대한 일화 한 토막이 떠오른다. 조선시대의 중국 이홍장과 운양 김충식의 대화에 "조선에는 좋은 산삼이 있지 아니한가?" 하고 물으매 운양이 답하되 "많이 심으면 값이 천하게 되오."

산삼은 산신령이 주는 명약이다. 그러기에 고가의 명품이다. 그래서 바르게 알고 먹어서 바른 효험效驗을 봤으면 좋겠다.

12 대둔산의 독풀 승독초蠅毒草

여천 막내딸은 손녀와 손자를 양손에 잡고 외갓집이라고 자주 나를 찾아왔다. 아마 교통편도 전라선을 타면 전주역에서 내려 승용차를 이용하니 편리한 점도 있다.

그런데 딸 영수와 아들 용혁이는 밤이면 밤마다 아토피 피부염으로 피멍이 들도록 긁어대야 시원한 가려움증에 고생하고 있는 모습을 보면서 그래 손주들의 시대는 아토피 시대였구나! 새삼 느끼면서 옛날 내 모습이 떠올랐다.

내가 어린 시절 옴이란 피부병이 전염병으로 돌았다. 몸의 연한 살갗에 물집이 생겨 부풀어 올랐고 입가의 상처는 약을 발라 가라앉는가 하면 대신 며느리밥풀데기꽃처럼 붉어진 반점 무늬가 나타났다. 그리고 양손의 손가락 사이마다 물집이 생기고 곪아가는 아픔과 가려움증은 말로 다 못 했던 것 같았다. 그러니 가슴이 칵칵 막히는 시절 어머니를 따라 한방하신 외갓집에 갔다.

그 시절 "재수 없어 옴 올랐다."는 말이 유행어가 되었다. 늦여름이었던가, 가을이었던가! 확실하진 않아도 외삼촌과 같이 야산과 들녘 그늘진 곳에서 독풀을 뿌리째 캐서 끓인 물로 목욕하여 옴이란 피부병을 말끔히 나은 기억이 떠올랐다.

생각해 보면 나의 어린 시절은 옴이란 피부병의 전성시대였다.

지금 생각해 보면 승독초蠅毒草의 뿌리를 갈아서든 짓찧어서든 즙을 내어 종이에 발라놓으면 파리가 먹고 죽기 때문에 일명 '파리풀'이라도 한다.

이 독풀이 오늘날엔 위험한 독초로 멀리했으니 말이다. 그래 나의 어린 시절 외할아버지의 처방을 교훈삼아 그 풀을 찾기로 했다.

승독초는 키 70㎝ 정도 자라며, 잎이 달리는 마디 바로 윗부분은 약간 도톰하다. 길이가 5㎜ 정도로 작은 꽃은 7~9월경 줄기 끝에서 수상꽃차례를 이루며 연한 자주색으로 무리 지어 핀다. 삭과로 익는 열매는 속에 1개의 씨가 들어 있다. 갈라진 꽃받침 조각은 열매가 맺히면 가시처럼 되어 다른 물체에 잘 달라붙도록 되어 있다.

이런 승독초의 사진을 복사해 나누어 주고 도시락을 준비한 배낭을 메고 찾아 나섰다. 마치 진시황의 불로초를 상기하면서 산으로, 계곡으로 찾아 걸었다.

오늘은 금남정맥 산줄기가 솟구쳐 오른 이치에서 도립공원 대둔산(877.7m) 임금바위와 입석대를 잇는 금강구름다리 입구에서 승독초를 발견했는데 매우 위험한 곳이었다. 그런데 애 엄마는 그렇지 않았다. 뽑기 좋은 곳은 잡초조차 없었고 밭 근처는 농약의 살포로 위험했다. 안심하고 캘 수 있는 장소는 산림법에 규제되고 할 수 없이 사람 발이 닿지 않은 곳이어야만 했다.

이것을 안 애 엄마는 죽을 각오로 절벽에 접근했다. 정신이 아찔아찔 오는 충격에 흔들리는 팔을 뻗어 애 엄마의 허리끈을 힘껏 잡았다. 정말 위험한 곳에서 발견한 것은 분명한 승독초로 확인되었다.

수직으로 꽂힌 절벽이라 위험했다. 내일 밧줄을 가지고 와서 캐자고 사정했으나 막무가내였다. 눈으로 보곤 못 간다는 것이다. 무서웠다. 모성애가 발동했는가 싶었다.

나와 안식구의 허리띠와 등산화 끈 6개를 합친 긴 끈을 만들어 잡고 깔막진 곳으로 한 발 한 발 내려가 가까스로 2뿌리는 뽑고 하나는 잎과 줄기만 꺾었다.

승독초를 넣고 엄마의 정성과 함께 끓인 그 물로 목욕을 시키니 그 향, 그윽하고 물빛 또한 고왔다.

그 결과 아토픽으로 난 염증이 끄들끄들 하더니 흔적도 없이 말끔했다.

21C 현대의학으로도 어렵다는 아토피가 승독초로 말끔했으니 대자연을 사랑하고 자연에서 얻어서 활용하는 자연인으로 돌아갈 수만 있다면 얼마나 좋을까?

13 만덕산 독사의 독과 해독

여름철이 지나고 바쁜 가을철에 백두대간 장수 영취산에서 갈라진 호남금남정맥이 완주 주화산에서 금남정맥과 호남정맥으로 갈라진 산줄기가 곰티재를 지나면서 솟구친 만덕(761.8m)에 산행을 했다.

암벽 옆을 돌아 오르니 극심한 경삿길이 전개된다. 코가 산허리에 닿듯이 굽혀서 한참 오르면 암봉에 도착하는데 바로 이 길이 독사가 많은데 가을철이면 산 아래로 내려와 밭에서 일하는 사람의 손목을 물어 희생된 사람이 있다. 돈을 가까스로 구하여 병원을 찾았으나 시간이 너무 많이 흘러 항독주사도 맞지 못하고 희생된 불쌍한 농민을 생각해 본다.

이 세상에서 제일 맹독성 뱀을 말하라면 누구나 「아라비안 나이트」에 나오는 고개를 쳐들고 두 갈래 혀를 내름내름하는 '코브라' 하고 힘주어 말하는데 코브라에 물리면 위치에 따라 6시간에서 72시간의 여유가 있다.

지구상에서 가장 큰 킹코브라는 몸길이가 약 5.5m에 이르는데, 다른 종과 달리 암수가 함께 알을 품기도 하고 주위를 경계하며 새끼를 보호하기도 한다.

또 중국 천문산과 무이산에 아주 무서운 맹독을 가진 독사가 많은데 물리면 다섯 걸음 떼기 전에 사망한다는 '오보사五步蛇'라 부른다.

뱀은 파충류 중에서 가장 특수하게 진화한 것으로 다리, 눈꺼풀, 귓구멍이 없고 혀는 두 가락으로 갈라지고 선조는 도마뱀으로 가장 오래된 화석은 백아기로 파충류 시대의 가장 마지막 시기에 출현되었다고 한다.

모든 뱀은 육식이며 채식은 하지 않는다. 왕뱀류와 비단구렁이는 주로 포유류를 먹으며 뱀의 크기에 따라 쥐에서부터 닭 그리고 사슴에 이르기까지 다양하다. 그러나 푸른 뱀은 메뚜기, 나방 등 유충을 먹고 산다.

방울뱀과 코브라는 성질이 나면 몸의 앞부분을 땅에서 일으켜 세우고 공격은 독아가 먹이를 찌르고 빼기까지 1초밖에 걸리지 않으니 얼마나 빠른 동작인가 알 만하다. 그러나 치사량에 이르는 독을 주입하기에는 그것으로 충분하다. 독에는 두 가지 작용이 있는데 먹이를 죽이는 것과 소화과정을 촉진하는 것이다.

재미있는 것은 뱀이 뱀을 잡아 먹고 산단다. 특히 맹독인 방울뱀을 포식하는 뱀은 더 독한 맹독성일 것으로 알고 있으나 생각과는 전혀 다르게 구렁이와 왕뱀은 독이 없다는 것이 참 신기하다.

우리나라 산야에는 독사가 많이 살고 있다. 이 독사들은 비가 오기 전날, 후텁지근한 저기압이 깔린 날엔 잘 나돌아 다니며 무더운 날엔 더위를 피해 시원한 덤불 속 혹은 서늘한 돌과 돌 사이로 모여든다. 한 번 물리고 나면 귀중한 생명을 잃게 된다. 그래서 여름과 가을철 산에 오르는 사람이라면 사전에 만반의 준비가 꼭 필요하다.

독사 중에서 가장 독이 많은 뱀을 살모사라고 부르게 된 이유는 독사가 새끼를 낳는 순간에 새끼가 제 어미를 잡아먹는다고 해서 붙여진 이름이 살모사殺母蛇라 한다.

어미 독사는 땅바닥에서 새끼를 낳으면 꼼짝없이 제 새끼들에게 잡혀 먹히기 때문에 생각을 했을 것이다. 그래서 어미 독사는 바위의 절벽 혹은 높은 나무에 올라가서 아래쪽으로 새끼를 떨어뜨려야만 새끼로부터 죽음을 모면한다는 사실을 알았다. 그러니 독사가 항상 땅 위로만 기어 다닌다고 단정할 수는 없다.

그러기에 목과 머리에 대한 대비책까지 챙겨 사전 예방에 철저를 기해야 한다. 그럼 독사가 싫어하는 것 중에 사람의 머리카락의 타는 냄새다. 다음에는 화학약품으로 백반가루를 바르거나 접근을 막기 위해 뿌리는 방법이 있다. 또 사찰에서는 쇠방울 소리로 풍경을 달아 접근을 방지한다. 그 다음은 타초경사打草驚蛇다. 이는 지팡이나 나뭇가지를 가지고 돌이나 나무, 풀잎을 닥치는 대로 툭툭 쳐 소리가 나도록 해서 뱀이 겁을 먹고 달아나기를 바라는 방법이다.

뱀들은 날씨가 추워지기 시작하면 동면을 위해 높은 산에서 낮은 곳으로 인가 근처에 내려온다. 뱀이 허물을 벗기 위함인데 부족한 염분을 채우기 위해 구렁이는 장독대의 간장 항아리를 감고 꼬리를 내려 간장을 찍어 입으로 옮겨 먹다 떨어져 빠지는 수도 있다. 그래서 간장 항아리는 꼭 모기장천 같은 것으로 싸매는 할머니의 지혜가 있었다.

독사가 우글거리는 데서 잠을 자도 걱정할 게 없는 지혜가 있다. 이건 비밀인데 밝힌다면 천기누설이 될 수 있다.

옛날부터 내려온 민간요법은 독사에게 물린 자리에서 심장 가까운 부위를 묶어 독의 흐름을 막아야 한다. 그 다음엔 앵두나무진을 바르고 담배 잎을 삶아서 그 물에 담그면 독사의 독이 희무끄럼하게 나온다고 한다. 독사가 있으면 반드시 해독시킬 식물이 있기 마련이다. 이것이 자연의 섭리이며 우리나라 어느 산속이나 시골 어디를 가나 흔히 볼 수 있는 수염가래꽃이 명약名藥임을 밝혀준다.

토향 이야기

제 4 장 | 토향의 향기

01 전주수목원의 미시연未時蓮

한국도로공사에서 운영하는 전주수목원에는 오후 2시에 꽃을 피우는 '미시연'이 있다. 이 수목원은 고속도로를 건설하면서 불가피하게 훼손되는 자연환경을 복구하기 위해 조성한 수목원으로 1974년부터 10만 평 부지에 다양한 식물종의 보존, 증식, 보급, 연구에 최선을 다하고 있다.

이곳의 습지원에 가시수련 꽃이 가득하다. 그 밑에 지저분한 물. 그 물 위에 오롯한 모습이 청초한 자태로 피기 때문에 이름 그대로 오수에 잠긴 소녀의 얼굴처럼 맑고 밝았다.

그중에 개연이라 하여 볼품은 없어도 보면 볼수록 귀엽고 앙증맞으면서도 신기한 가시연들이 못이나 늪에서 자란다. 잎 전체에 가시가 있고 뿌리와 줄기에는 수염뿌리가 많이 난다. 씨에서 싹터 나오는 잎은 작고 화살 모양이지만 큰 잎이 나오기 시작하여 자라면 지름 20~200㎝ 정도에 이른다. 잎엔 주름이 지고 윤택이 나고 뒷면은 짙은 자주색이다. 잎맥이 튀어나오고 짧은 줄에 가시가 송글송글 있다.

6~7월에 가시 돋친 꽃자루 끝에 자줏빛 꽃이 단 한 개가 핀다. 꽃잎이 많고 꽃받침보다 작다. 수술도 많아서 겹으로 돌려난다. 씨방은 꽃받침 아래 있고 열매는 5~7㎝로 둥글며 가시가 있다. 씨는 둥글고 껍질은 검은색이다.

연꽃으로 유명한 덕진공원은 이른 6월부터 하늘을 향해 마음껏 활짝 웃고 있다. 연못에 들어서면 연분홍 바람이 분다. 연이 바람을 만나면 연분홍 꽃잎이 벌어진다. 연은 언제나 진흙 늪에 뿌리 내리고 있으면서도 올곧고 청정한 자세로 피어 있는 연꽃을 보면 감히 범접하기가 어려워진다.

연꽃의 향 속에서 생각해 본다 연잎은 감인엽이라 하여 수렴제, 지혈제, 타박상을 풀어주는 효과가 있고, 연꽃은 마음을 진정시켜 주고 몸을 가볍게 해 주는 효능으로 연꽃잎차에 꽃잎을 띄우면 은은한 향기가 나고 마음이 불안할 때 마시면 편안해 진다.

열매는 기력을 돕고 오장을 보하며 갈증과 설사를 멈추고 마음을 안정시키는 효능이 있어서 한방에서 씨를 감실이라 하여 가을에 채취하여 강장제로 사용한다. 연근은 감인근이라 하여 약용하며 뿌리줄기는 식용하는데 연근은 녹말이 주성분이지만 날로 먹거나 즙을 내어서 먹기도 한다. 요리나 약재로 다양하게 사용하는데 그 성분은 망간, 아연 등 무기물질이 풍부하여 피부미용에 각광을 받는다. 또 리놀레산, 식이섬유 등이 많아 콜레스테롤을 저하시킨다.

이런 연꽃은 해가 뜨면 꽃이 벌어지는데 비해 가시수련은 기후와 수온에 민감하여 오후 2시에 꽃이 피었다가 해 질 녘이면 정확히 오므라든다. 이렇게 2~3일 계속하다가 성숙하면서 물속에 들어간다. 휴면기간이 50년이 되는 기록도 있으며 한 포기당 7~10장의 연잎에 가시가 총총하다. 작은 꽃이 향기롭고 아름다운 꽃일수록 가시가 많은 것을 실감케 한다.

이 가시연꽃은 하루 중에 가장 기온이 높은 미시에 활짝 피는 연꽃이라 하여 미시연未時蓮 또는 미시초未時草라 부른다.

수련은 지구상에 열대 · 온대지방에 분포하고 있어 동양에서 말하는 미시초未時草와는 약간 다른 점을 강조한다.

우리 고장에서는 전주, 익산, 김제 등지 못에서 자생하였으나 수질오염으로 멸종위기에 있다. 5년간 실시한 제1차 자연생태계 전국 조사 결과 대부분의 분포 지역에서 멸종되었거나 멸종위기에 처해 있다는 것으로 밝혀졌다

작년에 내장산의 백련암에 갔을 때 법당 앞의 연못에서 가시연을 보았다. 이 희귀한 연꽃이 언제부터 이런 깊은 산속 공간에 피어 있었단 말인가! 하며 감탄하니 꽃은 오근자근 들려주는 듯 말한다. "꽃은 그냥 두고 봐야 더 아름다운 거야." 그 의젓한 모습이 부잣집 맏며느리 얼굴 같기도 하고 불심 깊은 보살이 두 손 합장하고 예불 드리는 것 같기도 하였다.

하얀 연꽃은 하얗다 못해 연보라색으로 보였으며 햇빛을 가득 담아 안은 듯 요기스러운 빛을 발한다. 빛 따라 바람결 따라 일렁이는 물 무늬도 깊이가 달라 짙어져 가는 물빛도 다양하다. 그 물

위의 연잎, 물속의 연잎 갖가지 빛을 발하니 이 모두가 어울리는 신비스런 빛의 연출이다. 무채색이지만 삼라만상의 모든 빛깔을 다 함축시키는 정화된 빛이기에 한없이 빠져들었고 평안을 얻었다.

홍련보다 백련이 향이 짙다고 하는데 맑은 향이 멀리까지 유혹을 하는 연꽃 바람, 연꽃 향취에 몸을 맡기며 살고 싶었다.

희귀한 미시연!

그 생명이 이곳에 정착하기까지는 얼마나 많은 괴로움이, 아픔이, 외로움이 있었겠는가! 그러나 이곳에서 동화된 하나의 소리가 들린다. 이것이 무공을 여는 소리다. 현세에, 현존에 외치는 함성일지 모른다.

인간이 자연을 닮고 자연 또한 인간을 품어서 조화를 이루고 독특한 삶을 영위해 가는 모습을 깨달았다.

산사에 들어서면 사찰장식 어디서나 연꽃문양을 볼 수 있다. 탑이고 돌계단이고, 연화좌를 비롯해서 법당의 천장이며 벽이고 문살이고 도처에서 연꽃을 만난다.

종각의 스님이 종을 친다. 쿵 웅~ 소리의 파문이 퍼져나간다. 은은하고 달콤한 소리의 결이었다. 그 바람결이 봄엔 혜풍으로, 여름에는 훈풍으로, 가을엔 금풍으로, 겨울엔 삭풍으로 종소리는 시작에서 소멸까지 윤회의 길이 아득함을 깨닫고 서서히 계곡 길을 걸었다.

산골짜기 수정 같은 맑은 물은 굵은 바위를 굽이치고 맴돌아 고운 물로 흐른다. 시원한 물에 손을 씻으니 속살과 뼛속 마디마디까지 시렸다.

이 물은 바위에 또다시 부딪쳐 포말을 내면서 머무름 없이 흐르고 있었다. 물은 쉬지 않고 흐르면서 하심下心을 배우라고 모범을 보이면서 큰 연보다 작은 미시연이 향이 더 많다는 진리를 암시하고 있다.

02 수목원에서 생긴 일

자연의 섭리는 누구에게서 배우지 않았어도 스스로 안다는 것이다. 산에 사는 짐승들은 다치거나 병이 생기면 약이 없지만 먹고 싶은 풀을 냄새나 모양을 보면 알 수 있다고 동물학자들은 말한다. 그래서 그 풀을 찾아 뜯어 먹게 되면 다친 곳이나 병이 말끔히 낫는다.

애초에 자연원리로 만들어져서 수없이 많은 식물 가운데 새나 산짐승들이 몇 가지 식물을 뜯어먹으면 병이 낫게끔 마련되어 있는데다 동물들이 스스로 제 몸 치료의 원리를 터득하게 되었으니 신의 섭리라 할까, 자연의 이치라 할까, 참으로 경이롭다고 하지 않을 수가 없다.

이처럼 산짐승들이 대자연이 가르쳐 준 방법대로 풀을 뜯어 먹고 병을 낫게 하는데 사람들은 이런 것들을 눈여겨보면서 배우고 약을 만들어 활용하였고 앞으로도 계속적으로 개발할 수 있는 희망과 여건을 예측할 수 있을 것이다.

독초毒草는 사람이나 동물의 몸에 해독이 되는 풀이다. 식물의 전체 또는 뿌리, 잎, 열매 등에 유독물질이 포함되어 있어 사람과 동물이 먹으면 중독이 되고 접촉이 되면 피부에 염증을 일으키는 식물을 말한다.

독초는 뽑혀도 짓밟혀도 악착스럽게 돋아나 엉클어진 잡초들 속에 유독 독초라 자랑이나 하듯이 꽃들은 보통의 꽃들보다 더 짙고 화사하게 사람이나 동물들을 유혹한다.

5월 5일 어린이날 수목원에서 생긴 일이 생각난다.

간식 팥빵과 우유를 먹은 꼬마가 다른 아이들은 아무런 탈이 없는데 유독 한 어린이가 구토를 하며 현기증에 정신을 잃고 있었다. 119구급대의 도움으로 근처 병원에 갔는데 소화기 계통에 알 수 없는 성분의 중독증이란다. 얼마 후 아이의 발과 손가락에 이상한 색상이 나타난 것을 추적해 보았다.

잎보다 먼저 꽃을 피우는데 호기심이 발동했다. 선생님을 찾으니 다른 아이들의 모습을 사진 찍고 있다. 다시 꽃을 보니 꽃 가운데 수술이 참 신기했다. 매혹이 되어 그만 수술을 만져 보니 이상한 꽃가루가 떨어진다. 그 꽃가루를 비벼보았다. 얼마나 관찰력이 있고 체험적인 꼬마였을까!

이 꼬마의 인연으로 독풀의 대표 천남성을 찾게 되었다. 일명 앉은부채는 외떡잎식물 천남성과의 여러해살이풀로 분포지역 한국에서는 전남, 강원, 경기, 경남 외국에서는 일본, 러시아, 사할린 등에서 자라며 특기 사항은 열이 많은 식물이라 산지의 응달에 분포한다. 뿌리줄기는 짧고 끈 모양의 뿌리가 나와 사방으로 퍼지며,

줄기는 없다. 잎은 뿌리에서 뭉쳐 나오고 길이 30~40㎝의 둥근 심장 모양이며 끝이 뾰족하고 가장자리가 밋밋하며 불쾌한 냄새가 나고 잎자루가 길다.

꽃은 양성화이고 3~5월에 잎보다 먼저 피고 불염포佛焰苞에 싸인 육수꽃차례를 이루며 빽빽이 달린다. 불염포는 둥근 달걀 모양이고 항아리 같으며 육질이고 한쪽으로 열리며 갈색을 띤 자주색이고 같은 색의 반점이 있다. 화피 조각은 연한 자주색이고 4개이며 길이 5㎜의 달걀을 거꾸로 세운 모양이고, 수술은 4개이며, 암술은 1개이다.

열매는 둥글며 모여 달리고 여름에 붉은 색으로 익는다. 잎은 나물로 먹지만, 뿌리는 독성이 심하니 주의해야 한다. 한방에서는 줄기와 잎을 구토제, 진정제, 이뇨제로 쓴다.

앉은부채는 일부 지방에서 그 특성을 찾아 '그늘돌찌기'라 부른다. 얼마나 소탈하고 전통적인 매력이 풍기는 이름인가!

앉은부채의 뿌리는 '아코니틴'이 있어 맹독성 있고 이름이 혼동되기 쉬운 남천의 열매에는 '도메스틴'이 있어 마취작용을 한다.

대충 이름을 대면 큰천남성, 두루미천남성, 여로, 독밤버섯, 붉은파리버섯, 독등, 파리풀, 석산 등은 독초이다. 그러나 이와 같은 독성 물질이 많으면 독이 되나 적은 양이면 도리어 약이 되는 경우가 적지 않다는 점은 대자연의 철학으로 배우고 있다. 그리고 어린이를 동반할 때 식물의 꽃을 함부로 손으로 만지지 않도록 주의하고 손은 깨끗이 씻도록 당부한다.

03 전북대병원의 목련꽃

북극곰 인테내셜 단체는 지금의 속도로 지구 온난화가 진행된다면 2050년경에 북극곰은 멸종하게 될 것이라는 발표를 보았다. 요즘 십여 일 포근한 날씨에 때 이른 이슬비가 끈질기게 내린다.

대학병원 울타리 위에 잔가지들이 흔들리지 않고 천천히 긴 목선을 담장 너머로 향한다. 겨우내 키워 올린 꽃눈을 양파 껍질처럼 겹겹이 무장하고 아니 보여줄 듯 내숭을 떨더니 아침 비에 툭 불거져 고상한 자태로 웃음을 가득히 얼굴을 내밀었다. 참 그지없이 신비롭기만 하다.

봄바람은 귀엣말처럼 은은히 사랑스럽게 울린다. 목련 꽃잎들은 미소를 짓는다. 마치 손나발을 만들어 내 귀에 대고 마음의 소리를 내듯 봄바람에 살그머니 속삭거린다. 잎의 감촉이 스미며 귀안을 간질이면서 마음속으로 젖어온다. 이 세상에서 목련꽃과 나만이 간직하고 싶은 은밀한 소통과 향기였다. 목련꽃과 정다운 교감이다. 아무도 엿듣지 않게 너와 나만의 대화요 친밀함과 은근함이 있었다.

나는 친구의 부음을 받고 장례식장에 갔다. 약속한 친구들이 아직 오지 않았다. 아마 우천 관계일까! 생각도 했다.

점심때가 되니 칼바람 친 소리가 유리창을 흔들 때, 친구들이 왔다. 자기도 늦은 것은 생각지 않고 친구들이 야속하다는 핑계로 연거푸 소주만 마신다.

저녁부터는 예상치 않게 눈이 쏟아진다. 눈은 황량하던 세상을 온통 순백의 세상으로 만들었다. 펑펑 내리는 눈을 덮어 쓰고 약속했던 나머지 친구가 왔다. 술자리는 슬픔과 허무함을 안주 삼아 점점 짙어만 갔다.

조급한 마음으로 핀 목련꽃도, 작년에 고실라진 꽃대도, 잘나고 못난 것 없이 평준화된 세상이다. 눈은 풍요로운 덕담을 고루고루 나누어 세상을 하나로 통일시킨 풍경화로 만들고 있을 때 남은 친구들은 이젠 주도를 넘어서 원숭이 꼴이 되어간다.

친구의 때 아닌 때에 죽음과 때 아닌 때에 핀 목련꽃. 그리고 때 아닌 때에 폭설이 오는 상황은 예측하지 못해 조심스럽고 의미 있게 생각해 본다.

목련은 유사종이 많아 500여 종이며 천리포수목원에 400여 종으로 가장 많이 있고 산목련은 함박꽃나무로 천리포수목원의 심벌마크다.

주로 흰 꽃을 백목련, 자주색을 자목련, 최근에는 꽃모양이 별처럼 생겼다 하여 별목련, 황목련까지 등장하고 잎 크기가 훨씬 큰 일본목련과 한방서 중풍을 다스리고 축농증, 두통, 치통까지 다스리는 후박나무가 있다.

또 목련은 옛날 하늘 천황의 외동딸 공주를 귀공자들이 줄을 지어 흠모를 했지만, 공주는 인간 세상의 바다지기만을 사랑했다. 왕은 공주의 마음을 돌리려고 애를 썼지만 공주는 말을 듣지 않고 궁을 빠져나와 바다지기 집으로 왔다. 그런데 바다지기는 이미 아내가 있는 것을 보고 공주가 몹시 실망하고 그만 바다에 몸을 던져 자살을 했다. 바다지기는 이 사실을 알고 공주를 양지바른 곳에 묻었다. 그리고 자기 아내도 극약을 먹여 죽게 했고 평생 혼자서 살았다. 하늘나라에서 이 사연을 안 천황은 자기 딸은 백목련으로, 그 아내는 자목련으로 환생시켰단다. 그래서 목련의 꽃봉오리가 떨어질 듯 말 듯한 이유가 이들의 넋이 들어가 있기 때문이라고 한다.

57년 만에 내린 폭설로 부산교육청에서 휴교령을 내렸다는 TV 뉴스를 보았다. 술을 보고 즐기며 이미 더 마실 수 없는 친구는 마음대로 움직이지 않는 손과 발로 장애자 아닌 장애로 조금은 뒤틀린 얼굴에 웃음을 담고 자존심으로 혼자서 일어서려 했지만 일어서지 못하고 나이 탓하며 도움이 필요했다.

안 그래도 어설픈 걸음인데 어쩌다 녹은 눈에 미끄러져 빠져버린 바짓자락. 벗겨진 구두짝에 버려진 바나나껍질처럼 목련꽃봉오리가 지저분한 발에 걸려 덜렁대었다. 자신의 의지대로 신으려 해도 끼워지지 않는 구두짝 너덜너덜 달고 온 목련꽃이다. 단 하루면 어떠하랴! 진눈깨비 맞아 초라해 눈물겹다.

친구야
때 아닌 때 죽었다고 말하지 마라
사람은 한 번 가면 끝이지만
단 하루면 어떠하랴!
목련은 내년에 피거늘……
죽고 지는 모습까지 아름답기를 바라는가!

시처럼 떠나는 마지막 모습조차 아름답기를 바라는 것은 정녕 지나친 욕심인지 아니면 바람일지 모른다. 하지만, 피는 목련처럼 눈부셨던 친구의 생생했던 젊은 모습! 그 모습이 추억으로 오늘만은 더욱 그립다.

04 백지 학鶴도 난다

○○○협회로부터 통지서를 받았다. 통지서 알맹이라곤 백지밖에 없다.

글자 한 자라도 찾으려는 뜻에서 눈을 씻어 큰 눈으로 봐도 찾을 수 없다. 그러나 이상하게 내 가슴속 한구석에 쇠북을 두드리고 육체의 모세혈관 끝까지 달려가는 그 짜릿함에 끌리어 자세히 살펴봤다. 정말 멀쩡한 사람을 취하게 할 만큼 백지의 마력이 넘치는 것이다.

분명 내용이야 회의 안내로 미루어 짐작은 가지만, 고민거리가 될 수밖에 없었다. 하나는 복사의 과정에서 생긴 것으로 인정하고, 다음엔 총무의 무언의 마음을 전달하는 것으로 생각이 간다. 고민하는 동안에 머리에 떠오른다.

사회에 첫 출발하니 붓과 먹물로 서류를 작성했고 검정 묵지를 사용해 두세 장을 한번에 썼던 시대가 있었다. 발전해 잉크로 펜

촉과 만년필 시대엔 원지와 철필로 프린트를 하니 수백 장 정도는 쉽게 활용했다. 이젠 볼펜이 나와 만년필이 사라지고 아주 편리한 컴퓨터의 등장으로 인하여 쓰는 것이 아니고 자판에 치는 시대에 돌입했고 복사기의 출현으로 다량생산이 용이하게 되었다.

이에 따라 백지의 문화도 발전해 학교에서는 시험을 거부할 땐 백지동맹이란 행사도 심심치 않았다. 또 사회의 경제활동에 있어서도 백지수표, 백지계약서, 백지영수증, 백지차용증 등 '백지'란 용어가 판을 친다.

즉, 정상적인 거래가 아니고 비공식적 거래로 강제이건 비강제이건 마음만 믿고 도장이나 서명을 하는 행위였다. 그래서 나에겐 좋은 인상보다는 나쁜 인상 쪽이 솔직히 많았던 것은 부정 못 할 사실이었다.

백지白紙 하니 우리나라 왕실의 비화가 떠오른다.

중종이 숙부인 파릉군에게 바른 정치를 하기 위해 살생부를 만들라고 명했다. 파릉군은 며칠 뒤에 왕에게 만든 살생부를 내주고 멀리 떠나면서 울고 또 울었다. 떠난 후 왕이 살생부책을 펴 보니 그냥 백지다.

왕은 "명을 거역해." 하고 성질을 돋았으나 잠시 생각하니 숙부의 큰 마음에 왕도 뜨거운 눈물을 흘렸다.

파릉군은 며칠간 밤낮으로 살생할 인물을 가득히 썼다. 그러나 이 살생부로 인하여 파생될 결과를 생각해 보니 너무나 큰 사건이 초래됨을 예상했다. 그래 내가 희생해야지 하며 한 사람씩 그려보니 눈물이 앞을 가린다. 눈물로 지우면서 눈물로 대신 인사올리고 떠났을 것이다. 살생부를 백지로 내놓고 멀리 떠날 때는 나라를 위하는 더 큰 마음이었기 때문이다. 이렇게 백지의 힘은 깨끗하며 안 보이는 마음이 꽉 찬 것이다.

나는 그 백지 통지서를 들고 생각했다. 그리고 종이 학을 접었다.

종이 학은 제법 학을 닮았다. 이 학을 데리고 옥상에 갔다. 백지 통지서의 원 고향으로 날아가길 바라면서 바람의 방향을 찾아본다.

꽉 찬 글씨보다 여백 있는 백지는 비어 있어 무엇이든지 받아주기에 가슴에 묻어두지 않고 나의 넋두리를 마음대로 글씨로 채우든 마음으로 채우든 나의 여분의 자유였다. 하늘을 향해 바람 따라 훨훨 날아 가는 종이 학을 바라본다.

05 장군봉의 메꽃

노오란 버스에서 내린 어린이들은 눈망울이 휘둥그렜다. 이제 5, 6세가 되면서 또래들의 손을 잡고 선생님의 말씀 따라 첫 나들이로 소리문화의 전당 주차장에 도착했다. 이제 건지산 장군봉에 오르기 위해 모였다.

보이는 것들이 짙푸른 나무와 풀로 모두모두 신기했고 새롭게 느껴지는 자기중심적 발달 단계의 어린이들이라 호기심이 산보다도 더 높았다.

새로 배당받은 일곱 명의 어린이들은 나무 선생님이라 부르는 숲 할아버지의 손을 잡고 첫 걸음마로 한 발 한 발 산에 발길을 옮겨간다.

푸른 숲길을 따라 오르니 나무기둥을 타고 올라가다가 핀 꽃을 보았다. 참 신기했다. 큰소리로 "야 저 꽃 좀 봐!" 신이 난 어린이들은 호기심이 발동해 "어디, 어디." "저기." 하며 손가락으로 가리킨다. 그 중에 한 어린이는 “야 나팔꽃이다.” 뒤따라온 선생님 역시 “나팔꽃이 피었네!” 한다.

나는 선생님께 가까이 다가가 귀에 아주 작은 소리로 “나팔꽃이 아니고 ‘메꽃’입니다.” 놀란 토끼눈을 보며 여선생에게 먼저 숲 생태 해설을 시작했다.

요즈음 젊은이들은 개성이 독특해서 화려하고 짙은 빛깔 꽃을 좋아하는 반면에 나이가 들고 소박한 사람들은 엷은 빛깔의 꽃을 좋아한다.

그러기에 잊혀가는 꽃이 되어버린 연유도 이러한 민족적 정서와 연관이 없다고는 할 수 없을 것이다.

그 대표적인 예로 주변에 라일락은 잘 알아도 우리 이름이 ‘수수꽃다리’인 줄 아는 이는 거의 없고, 또 나팔꽃은 잘 알아도 ‘메꽃’을 아는 이는 정말 귀하다. 메꽃은 분명 우리 것 우리의 풀꽃입니다.

옛날 조상들이 춘궁기에 즐겨 먹었던 구황식물의 하나로 어린 순을 꺾어다가 입맛을 돋우는 나물로 이용하였지만 그보다는 뿌리줄기에 메꽃의 참맛이 숨겨 있었다. 하얀 뿌리줄기를 캐서 밥과 같이 삶아 먹으면 감자 맛이 났고 전분을 다량 함유하고 있어 영양식으로도 그만이었다.

이렇게 똥구멍이 찢어지도록 가난했던 5, 6 십년 전을 생각하니 메꽃의 소박하고 은은한 모습에 친근감이 간다.

메꽃과 식물학적으로 사촌격인 나팔꽃이 외국에서 들어와 귀화된 꽃임을 알려주었다.

메꽃은 햇빛이 잘 드는 들이나 밭둑 그리고 버려진 땅에서 잘 자라는 덩굴성 여러해살이풀로 우리나라를 비롯하여 일본, 중국 등에 분포하고 있다. 뿌리줄기가 옆으로 퍼지면서 군데군데 새순이 나와 덩굴줄기로 다른 식물을 휘감으며 자란다. 잎은 서로 마주나기를 하고 꽃은 6~8월에 연분홍색으로 피는데 나팔꽃과 같이 아침에 피었다가 밤에 오므라드는 특성이 있으며 열매는 9월에 성숙한다. 자생하는 유사 종으로는 바닷가 모래땅에 자라는 갯메꽃, 줄기가 곧추서서 자라는 선메꽃, 애기메꽃, 큰메꽃 등이 있다. 메꽃은 나팔꽃처럼 영어이름에 'morning glory'라는 단어가 붙는다. 이런 단어가 붙은 종류들은 모두 아침에 활짝 꽃을 피우고 오후가 되면 지는 특성을 갖기 때문에 붙은 것이다. 이외에 옷감에 물들이는 염료로도 활용이 가능한 식물이다.

나는 귀여운 꼬마 손님에게 큰소리로 "메꽃, 나팔꽃이 아니고 메꽃!"

메꽃을 강조하면서 선생님에게 메꽃을 한자로 고자화鼓子花라고도 하는데 이것은 메꽃이 같은 그루의 꽃끼리는 수정을 않고 다른 그루의 꽃끼리 수정을 하여야 종자가 결실되기 때문에 일반적으로 종자의 결실이 부실한 데서 붙여진 것이며 근친결혼에 도덕적 교훈까지 주는 꽃이라고 했다.

여선생은 나에게 "메꽃은 내 생전에 처음 듣는 꽃이름이에요. 그리고 이젠 메꽃에 대한 인식이 아주 달라졌습니다."라고 했다.

굴러온 돌이 박힌 돌을 빼다더니 전통을 잃은 심정에 답답한 가슴, 한 번 더 되씹어 보며 메꽃! 하고 불러본다.

화려하지도 못하고 순박한 메꽃! 그 메꽃의 깊은 향이 담겨 있는 장군봉에 사라져 가는 우리의 꽃. 아린 가슴에 간직한 순 토박이 메꽃!

나팔꽃보다도 더 귀여움을 받을 수 있는 풀꽃으로 영원히 남아 있기를 바라면서 일곱 고사리 손을 잡고 산을 등에 지고 내려와 손을 흔들며 버스와 작별했다.

며칠 후였다. 나의 E-mail 창에 사진과 글이 떴다.

무슨 꽃일까? 의문 속에 자세히 보니 싱싱한 꽃과 여린 줄기에 대생의 네 잎인 큰 메꽃이었다.

얼마나 반가운지! 사진 밑엔 이렇게 적혀 있었다.

"지난 일요일 우리 유치원 선생들 나들이 때 내가 메꽃을 들고 숲 생태 해설을 했는데 나보고 '메꽃 박사, 메꽃박사'라고 불렀습니다. 그래서 나도 선생님과 같이 숲 생태해설가가 되겠다는 희망에 부풀었답니다."

숲 생태해설가로서 사명을 다한 듯 보람된 일이였다. 또 자부심이 생긴다. 이제 마음이 가볍고 청 맑은 머리로 절로 나오는 콧노래 속에 내일의 숲 생태 해설의 준비를 신바람 나게 한다.

제 5 장 | 토향의 슬기

01 경기전과 태조 익선관

나는 인생의 참된 깨달음이 담겨 있는 곳, 조선의 발상지로 태조의 진전眞殿을 모신 경기전을 자주 찾는다. 문화재단 문화재 지킴이로 갈 때마다 느끼는 것이 있다.

고풍스런 고목들은 어려운 조건에도 굴하지 않고 자신의 삶 모습을 오랜 연륜으로 지탱하는 숲에서 깨달음과 지혜로움을 얻는다.

고요한 경내에 정전, 동서양 익랑, 내삼문등 주영화동의 전당이 장려함의 극치를 이루고 있으며 여기에 조선 태조의 수용(영정)이 봉안되어 있는 본전 내에는 장검長劍, 양산, 개蓋들을 소장하고 있으며 본전 옆에는 신연이 보관되어 있다. 후면에 사고는 『조선왕조실록』을 보관하기 위하여 5곳의 사고 중 4곳이 유실되었고 유일하게 이곳만 보존되어 역사적 사료로 세계문화유산으로 등재되었고 태실 석조물이 유일하게 보존되어 있다.

이를 관리하는데 옛날은 영 1명(종5품), 참봉1 명(종9품), 수복 200명, 분화 100명으로 정해져 있는데 융희 3년(1909)에 영을 진사보로 개칭했으며 그 후에 인접 조경묘와 합쳐 전사보 1명, 제감 1명, 수복 2명, 사정 3명을 두었고 현재는 전주시에서 관리한다.

태종 10년(1410)에 창건된 것으로 당시 계림(경주), 평양 어용전이라 통칭했는데 태종 12년 새로이 태조진전이라 칭했다. 매월 1일, 15일 2회 분향의 예가로, 매년 1월 1일에 정조다례로, 11월 4일에 탄진다례가 각각 행하여진다.

지금은 진전인 경기전 외에 서울의 선원전과 영흥의 준원전이 있다.

「경기전의」에 '명주 위에 길이 1폭 15척쯤, 너비 5척쯤으로 단정한 얼굴에 용안의 수염은 하얗고 익선관을 썼으며 소매가 좁은 청색 용포를 입고 옥대를 가지런히 찼으며 검은 신발을 신고 용상에 앉아 있다.'로 기록이 되었다.

나는 어전의 머리 위 익선관을 보며 지도자의 품성을 느껴본다.

요즘 날마다 지도자층의 부정 비리 및 뇌물성 기사를 보면서 과거와 현재, 그리고 미래의 지도자들의 인간의 탐욕성을 다시금 생각해 볼 기회를 갖게 되었다.

태조 임금님이 정무를 보실 때 쓰던 익선관翼蟬冠은 양 옆에 매미 날개를 붙인 모자였다. 왜 임금의 머리 위에 매미 날개가 있을까?

멋과 운치가 있게 보이기 위해서일까? 그렇지 않으면 3권을 좌지우지하는 권력의 위엄을 보이기 위해서일까? 그 시절엔 퍽 거추장스런 느낌이 들었다.

이는 '매미의 다섯 가지 덕'을 육우陸羽가 쓴 글에서 유래되었다. 그 뜻을 새겨보면 우리 조상의 슬기와 지혜에 숙연함이 느끼어 진다.

첫째, 매미의 입이다. 곧게 뻗은 것이 마치 선비의 갓끈이 늘어진 것을 연상하게 하므로 매미에게 배움의 문文이 있다.

둘째, 이슬을 먹고 사니 마음은 항시 맑음의 청淸이다.

셋째, 사람이 애써 가꾼 곡식이나 채소를 먹지 않으니 염치廉恥가 있다.

넷째, 다른 곤충들과는 달리 집이 없이 사니 검소儉素다.

다섯째, 겨울이 되면 때 맞춰 죽으니 신의信義가 있다는 뜻을 살려 임금님 머리 위에 매미날개가 자리 잡게 되었다고 한다.

중국의 고사이지만 "금계송명金鷄送命"과 우리 법정스님의 고귀한 "무소유"와 익선관翼蟬冠을 상기한다. 그 뜻을 새겨보며 여생餘生이 아니고 즐겁고 화려한 여생麗生으로 120세 천수까지 모든 일들이 가문에 오점을 남기지도 않았으면 좋겠다.

02 민중의 선구자 정여립

인백仁佰 정여립鄭汝立은 선조 시대 기축옥사己丑獄事의 장본인이요, 모반자로 관에서 편찬한 역사서에 기록된 인물로, 전라도가 역향逆鄕이라는 세간의 선입견에 따라 현 시대에 살고 있는 나에게도 간간히 피해를 보았던 인물로 생각된다.

은석동隱石洞을 찾는다면 금강의 발상지인 마치와 슬치를 떠난 물은 전주천의 만마동萬馬洞 골짜기를 통과하면서 여러 갈래의 지류와 합쳐져 급한 물살을 이룬 채 색장동에 다다른다. 이곳이 원색장 마을, 죽음竹陰마을과 함께 색장동을 구성하는 은석골 앞에서 전주천은 비로소 넓은 평야지를 만나 흐름을 누그러뜨리며 잠시 여유를 갖고 흐른다.

이곳을 바라본 고산孤山 윤선도尹善道는 일찍이 이곳을 가리켜, 일곱 정자 아랫마을은 만 명을 먹여 살릴 수 있는 땅이라고 명문장으로 표현했다.

인백은 전주의 남문 밖 자만동에서 익산군수를 지낸 정희증鄭希曾의 둘째아들로 태어났다. 그는 1450년(선조 4년)에 문과에 급제한 후 서울에서 율곡 이이에게 제자백가諸子百家를 통달해 해박한 지식을 일찍부터 인정받았다.

1580년(선조 14년)에 예조좌랑에서 홍문관 수찬修撰 벼슬에 올랐다.

그동안 양쪽의 조화를 주장한 이이가 서인이 되면서 서인이 정파를 잡게 되는 1582년부터 본격적인 분당정치가 전개되었다.

정여립은 당파싸움의 틈바귀에 끼어 울적한 나날을 보내다가 결국 벼슬길을 버리고 젊은 나이 36세로 전주로 낙향했다. 그는 고향 마을에서 가까운 승암산 치마재(치마바위)에 거처를 정한 다음 산천경개를 벗 삼으며 후학들에게 경학을 가르치는 일로 소일했다.

그 후 영의정 노수신의 부름으로 다시 상경한 정여립은 재차 홍문관 수찬이 되었다. 유명한 일화를 소개하면 "전하, 신은 율곡의 지도를 받았으나 옳지 않은 것을 옳다고 여쭈어야 하오리까?" 이런 말을 남기고 또다시 벼슬길을 버린 채 낙향하고 말았다. 낙향 후 그는 진안의 죽도 능막에서 은거하면서 제자들을 길렀고, 그의 문하생들은 그를 가리켜 '죽도 선생'이라 불렀다.

또한 그의 높은 성망聲望을 듣고 사방에서 모여드는 강호의 명사 및 인재들에게 문호를 개방하여 신분의 귀천을 두지 않고 사귀기 위해 그는 '대동계'大同契를 조직하기도 했다. 바로 그 대동계원들이 매월 보름날 한자리에 모여 말을 달리고, 활을 쏘고, 창과 칼을 쓰며, 호연지기를 기르던 곳이 바로 은석골을 중심으로 파수대, 관혁봉, 만궁봉 등 일대였다.

정여립의 대동계는 1587년 왜구가 전라도 해안지방을 침노하여 노략질을 일삼을 때 전주판관 남언경을 도와 왜적을 물리치는 데 공을 세우기도 했다.

대동사상大同思想을 살펴보면

첫째, 천하를 사유화하지 않고 공공의 공유물로 한다.

둘째, 사람들은 모두 전체의 이익을 위해 노동하며 노동의 산물인 재화는 모든 사람이 공동으로 향유한다.

셋째, 노동 능력이 있는 자에게 노동에 종사할 수 있게 노동 능력이 없는 노인이나 어린이는 일종의 사회보장제에 의해 잘 부양한다.

넷째, 통치자는 어질거나 능력이 있는 사람을 선택하여 신의와 화목을 구현한다.

다섯째, 자기 부모나 자식에게 뿐만 아니라 모든 사람에게 널리 사랑을 베푼다.

여섯째, 악의적인 음모나 모략을 배재한다.

일곱째, 도둑질, 횡령, 착복 등 질서 문란자가 발생하지 않는다.

여덟째, 전쟁이 일어나지 않는다.

일세의 풍운아 정여립은 은석골 파수대에서 갈고 닦은 경륜을 나라를 위해 제대로 한 번 펴보지도 못한 채 역모의 수괴로 몰려 쫓기다가 1589년(선조 23년) 진안 죽도의 농막에서 그 파란 많았던 생애를 자결로 끝맺고 말았다

인백을 후세의 사가나 연구자들은 여러 가지 상황 증거들을 들어 정여립이 진정으로 역성혁명을 꿈꾼 모반자가 아니라는 것이다.

첫째, 송익필宋翼弼의 날조된 해서고변海西告變에 의해 억울하게 파멸당한 동인과 서인의 당파싸움에 모함의 희생양이라는 주장을 펴고 있다.

그의 남달리 명석한 두뇌와 타고난 통솔력이 그를 권력집단 사이에서 모난 돌로 비치게끔 만들었고, 결국 모난 돌이 정을 맞는 비극으로 이어지고 말았다는 것이다.

둘째, 당시 항간에 구전되던 『정갑록』 설에 의해 “이씨는 망하고 정씨는 흥한다.”(목자망 정읍흥木子亡 奠邑興)의 도참설과 함께 그의 대동계 조직은 조정에서 그에게 역모의 혐의를 씌우는 데 결정적인 증거로 악용됨으로써 그를 결국 파국으로 몰아넣기도 했다.

이 사건의 처리를 주도한 것은 정송강鄭松江.(정철) 등의 서인이었으며 같은 정鄭씨였다. 그런데 왜 정철에게는 해당이 안 되었는가? 동인인 이발, 이호, 백유양 등 1,000여 명의 무고한 연루자가 정여립과 가깝다는 이유로만 처형되었고 전라도는 ‘반역향’으로 됨에 이를 기축옥사라 하였다.

셋째, 서인의 거두 송강 정철이 나중에 너무나도 많은 선량한 인재를 모함해서 죽였다는 죄명으로 강화도에 유배된 사실이다.

넷째, 『동소만록』에 타살이란 기록이 있다. 따라서 정여립의 난은 조작의 가능성을 크게 암시하고 있으니 얼마나 원통할까!

정여립은 천하 공물론으로 천하는 공물인데 어찌 주인이 있을 수 있겠는가? 그리고 선양론을 기반으로 누구를 섬기든 임금이 아니겠는가? 하면서 조선왕조의 근본사상을 부정한 위험한 사상이라고 주장하며 민중의 선구자요, 민주주의 개척자요, 한국의 크로멜로 볼 수 있다고 강조한다.

03 얼굴 없는 천사

천상의 신인으로 천상선녀天上仙女인지! 천상선동天上仙童인지! 알 수 없는 그분은 11년째 얼굴 없는 천사로 숨어서 성금을 전달했다. 다른 사람 같으면 조그만 성금에도 천성天聲으로 신문이나 TV로 매스컴에 우레처럼 큰소리로 산천이 전동하고도 남음이 있을 것인데…….

우리나라는 가진 자들이 국가에 내야 할 세금을 포탈하고 버티면서 대형 외제승용차만 타고 당당하게 사는 현실이다. 내가 교직에 있을 때다. 『크리스마스 캐롤』에 평생 돈 밖에 모르고 살던 구두쇠 스쿠르지가 크리스마스이브 밤 꿈속에 자기의 삶을 뒤돌아보고 생각을 바꿨다, 가진 것을 기부와 자선으로 실천하는 교훈이 있었다.

이것의 근본은 프랑스어로 고귀한 신분 (Nobiesse)과 책임이 있다(Oblige)의 합성어로 '노블레스 오블리주'로 가진 자의 도덕적 의무를 뜻한다. 서양에서는 고대에서 현세까지 물론 귀족들이 신분에 따라 누리는 특권만큼 솔선수범하여 나라를 위해 자신이 희생하고 명성과 부를 사회에 나눠주었다.

그 예로 로마의 어린 후계자만을 남기고 온 가족이 모두 전쟁터로 나가 나라를 위해 목숨을 바친 '파비우스' 가문의 이야기, 또 영국 포클랜드 전쟁 때 '엘리자베스' 여왕의 차남이자 왕위 4순위 '앤드루' 왕자를 가장 치열하고도 위험한 곳에 배치한 일화 역시 왕실의 모범을 엿볼 수 있다. 그리고 미국은 CNN방송의 창업자 '테드 터너'는 평화와 인권과 환경의 보호를 위해 자신이 모은 재산을 과감히 자선사업에 기부한 사업가였다.

그러가 하면 경상도에 우리나라 목재 곳간 중 가장 크고 오래된 것으로 정면 5칸이요 측면이 2칸인 곳간엔 쌀 700~800석을 보관했다. '경주 최 부자' 집의 육훈六訓 가운데 다섯째에 '주변 100리 안에 굶어 죽는 사람이 없게 하라.'를 실천하는 과정에서 전통과 격조 그리고 품격을 갖추게 되었다.

또 있다. 전라남도 구례 토지면 오미리에 운조루雲鳥樓는 조선 영조 52년(1779) 삼수부사 '류이주'가 세웠다. 그의 정신 가운데 '나눔과 배품의 적선 정신- 타인능해'인데 가난한 이웃을 위하여 사랑채에 백미 두 가마 반이 들어가는 목독을 두어 마개를 열어 쌀을 빼어다가 끼니를 해결할 수 있게 하였다. 그 마개에 '타인능해' 라고 써 놓았다고 한다.

오늘날 매서운 바람이 차갑기만 한 경제 한파 속에서 얼굴 없는 천사는 2000년 4월 3일 초등학교 3학년생을 통해 돼지저금통을 전주 노송동 주민센터 민원대에 올려놓고 간 이후 지난 연말까지 그 동안 한 번도 거르지 않고 성금을 기탁해 왔다. 그 금액이 무려 1억 6,136만 3,120원에 이른다고 한다.

세상을 아름답고 향기 깊은 속에 핀 한 송이 꽃! 그대는 얼굴 없는 천사였다.

어느 때는 현금 이천만 원과 동전이 가득 찬 돼지저금통을 어려운 이웃에 전해달라며 본동 주민센터 지하주차장 옆 화단에 아무도 모르게 놓고 간 일이 있는가 하면 얼굴 없는 천사는 12월 23일 13시 경 동 주민센터에 전화를 걸어 "지하주차장 입구 화단에 박스가 있으니 가 보라."는 말만 남기고 전화를 끊었다 그래서 확인한 결과 복사용지 박스 안에 현금 이천만 원과 10원, 50원, 100원, 500원짜리 동전 삼십팔만천 원이 들어 있는 저금통 1개, 그리고 '소년, 소녀 가장 여러분 힘 내세요!'가 적힌 A4용지 1장이 들어 있었다고 한다.

노송동 동장은 "올해 경기가 안 좋아 안 오시면 어떡하나 걱정을 많이 했는데 올해에도 어김없이 찾아주셔서 주민센터 직원들은 물론 주민들이 너무 기뻐했다."며 동사무소에서는 이 얼굴 없는 천사의 소중한 뜻을 받들어 어려운 이웃을 선정하여 전달했다. 그리고 그 뜻을 송하진 전주시장과 기념사를 통해 소리 없이 찾아와 생활이 어려운 이웃을 위해 온정의 손길을 내미는 얼굴 없는 천사의 선행을 시민은 물론 국민 모두가 받들어 따뜻한 세상을 만들자는 뜻을 모아 기념비를 세우게 되었고 그 길을 '얼굴 없는 천사로'라 명명했다.

"얼굴 없는 천사여 당신은 어둠 속에 촛불처럼 세상을 밝고 아름답게 만든 참사랑입니다. 사랑합니다."

이 비문을 읽는 이들로 하여금 가슴속 깊이 인간애를 기리며 참 삶의 길! 그 길은 어려운 이들에게 따뜻한 사랑과 희망을 주었습니다.

얼굴 없는 천사님이시여!

사람이 부유해서 기부하는 것이 아니며 내가 쓸 것을, 먹을 것을 아끼고 아껴서 어려운 이웃에게 나눔의 마음이 더 중요한 것입니다.

그대는 정말 한국의 노블레스 오블리주 1인자입니다.

자자손손子子孫孫으로 천만년 아주 오래오래 살며 천추만세千秋萬歲 건안하길 바랍니다.

04 십훈十訓을 바로 잡자

해발 530m의 재에서 소피가 급해서 내렸다. 산에서 내려다보니 장수읍의 풍경이 보인다. 수분리 상봉에 내가 섰다. 이쪽을 향하면 금강이요, 저쪽을 향하면 섬진강의 부수계가 보이는 위치에 내가 섰다.

그 옛날 고려 태조가 왕권강화와 불교숭상으로 풍수지리 및 음양오행 그리고 도참설까지 동원한 근거로 사상적 배경과 왕정의 요체가 집약했다.

태조 26년 (943)가 그의 후손들에게 귀감으로 남긴 유훈遺勳에 신서십조信書十條 또는 십훈十訓에 『고려사高麗史』와 『고려사절요高麗史節要』에 전하는 내용은 제8항 "차현(車峴) 이남 금강錦江 이외의 산형지세는 배역背逆하니 그 지방 사람을 등용하지 말 것."이었다.

이 내용이 사서史書에 실린 뒤로 널리 알려져 뒷날 신하들이 임금에게 전거典據가 되었기에 그 피해가 호남 인사들에게 막심했던 것이다. 그럼 이에 대한 산세의 지형으로 보아 금강 물 흐름을 찾고자 한다.

금강은 장수 발원지에서 천천天川으로 시작해 충남 장항 장암리까지 금강의 길이 440.2km요, 유역면적 9,885.80km^2가 된다.

금강의 주류인 팔공산八公山 1,150m의 지맥인 신무산神舞山 895m에서 발원한 천천은 장안산長安山 1,238m, 깃대봉 1,015m에서 발원한 장계천長溪川과 천천면 용광리에서 합류되고 남덕유산南德裕山 1,508m과 덕유산德裕山 1,594m에서 발원해서 무주 안성서 서류하는 구양천九良川과 덕유산德裕山과 대덕산大德山 1,290m에서 발원한 남대천南大川과 진안 성수산聖壽山 1,059m과 마이산馬耳山 673m에서 발원한 진안천鎭安川은 남대천과 합류해 내려오다가 운장산雲長山 1,125m에서 발원한 정자천程子川과 주자천朱子川은 용담댐을 통해 북으로 흐르다.

천천天川과 같이 합류하여 금강의 본류가 되어 북쪽으로 흘러 충남과 충북을 걸쳐 오다가 다시 충남 강경으로 해서 익산 용안면의 부곡천富谷川과 낭산면 남쪽의 미륵산彌勒山에서 발원한 후 함열을 걸쳐 흘러 온 함열천咸悅川이 합류하여 용안면 난포리에서 금강으로 유입한다.

그러면 꼭 북쪽으로 흐르는 금강은 소백산맥의 서쪽과 노령산맥의 동쪽, 그리고 진안고원의 북동부가 그 집수구로 무주, 진안, 장수의 관내임을 밝힌다.

첫째, 진안군 마령면의 일부와 성수면, 백운면과 장수군 산서면, 번암면은 금강 집수구역이 아니고 섬진강으로 흐른다는 것을 밝힌다.

둘째, 남원시 운봉면, 산내면, 동면, 아영면은 진주 남강의 상류로 낙동강으로 흐른다는 사실을 밝힌다.

셋째, 만경강은 노령산맥의 운장산에서 발원하여 대아저수지 경천저수지에 유입한 고산천高山川과 만덕산萬德山 762m에서 발원한 소양천은 삼례에 이른다. 슬치재에서 발원하여 전주시가를 관통한 전주천全州川과 구이면 백여리 새터에서 발원한 삼천三川은 삼례에 이른다.

넷째, 춘포면에서는 왕궁면에서 흘러오는 익산천益山川과 김제시 백구면에서 흘러온 미용천美蓉川과 익산시 금마면 미륵산 430m과 함열산 240m에서 발원한 탑천塔川은 익산시와 군산 임피면을 지나 대야면에서 만경강 하구에 유입된다.

금강을 만경강, 섬진강, 남강까지 본 사서史書의 내용은 분명히 잘못된 점으로 보아야 하며 바르게 밝히고 고쳐서 후손에게 올바른 지혜와 슬기로 평가되기를 바란다.

05 빈 둥지 증후군의 친구

전주 OO복지관에서 사귄 '빈 둥지 증후군' 즉 일명 '기러기 아빠'란 친구가 나에겐 유일하게 있다.

모성애 하면 살모사로 잘 알려져 있지만, 부성애는 극히 드물며 모든 동물들은 모성애로 사는 것이 보편적이다. 우리 주위에서 항시 보는 것 거의가 모성애라고 해도 과언이 아닐 것이다.

그래도 부성애 하면 서양에서는 흔히 해룡과 키위를 말하나 펭귄도 부성애가 강하다고 꼽을 수가 있다. 그리고 동양에서는 해룡보다 더 강한 것이 있다.

옛말에 "등잔 밑이 어둡다."는 것처럼 우리 한국의 순수한 토종 가시고기가 부성애로 대표적인 생활상을 간단히 소개하고 싶다.

한국산 어류는 41목 203과 584속 961종이 있는데 그 중에 삶의 생활에서 7~8월 알을 낳기 위해 보금자리를 만들고 암컷의 몸에서 알이 나오면 수컷은 정액을 뿌리고 새끼가 성숙하도록 산소 공급을 지느러미로 날갯짓하며 보살피다가 오직 새끼만 위한 사랑 때문에 잠시 쉬지도 못한 결과로 새끼가 깨면 힘이 완전히 소모되어 그 자리에서 죽어가는 수컷 가시고기가 있다.

다음엔 해룡(Sea Dragon)과 해마(Sea horse)가 있다. 이들은 사촌뻘이 되는 격이다. 그래서 둘 다 수컷들이 새끼주머니를 가지고 있는 것도 같다. 필요조건에 따라 수컷들이 도맡아 새끼를 이 주머니에 넣어서 보호하고 다 키워서 내보내는 일을 한다.

그 다음에는 버들붕어, 꺽지가 대표적이다. 그리고 또 외래도입종으로는 블루길과 가물치 등이 있다. 그러나 새끼들을 위하여 목숨까지 아낌없이 버리는 것은 오직 수컷 가시고기뿐이다. 이 가시고기를 '부성애 증후군'이라 밝혀 두고 싶다.

증후군은 의학과 심리학에서 여러 개의 증상을 하나로 연결하지만, 그 까닭을 밝히지 못하거나 단일이 아닐 때에 붙여진다.

부성애증후군은 내 주위에 유일하게 덕진복지관에 있다. 그는 '기러기 아빠'라고 스스로 자랑처럼 당당하였고 목에 힘줄 만도 했다. 서울 강남 중심지에 56평짜리 고급 아파트도 소유하고 대기업의 부장직에 있어 아주 잘나가는 인재였으니 말이다.

아빠는 어떤 대가를 치루더라도 내 아들만큼은 경쟁에서 살아남게 해야겠다는 일념뿐이다. 아니, 경쟁이 아니라 일인자로, 출세를 목표로 하고 있었던 것 같다. 그 일념으로 아들을 캐나다로 조기유학을 보냈고 이어서 아내까지 보내고 말았다.

3년이 지나면서 국내의 경제 사정이 점차 곤경에 빠지더니 5년째는 IMF가 났다. 그가 다니던 대기업에도 불경기 바람에 고급간

부 퇴출명단 일차로 되었다. 그 사유는 간단했다. 혼자라 고급요정 출입이 잦았고 여자관계 또한 부정할 수 없었다. 하루아침에 실업자보다도 백수란 티켓을 땄다.

적적하니 낮엔 골프장으로 밤엔 주점으로 세월을 보내며 이 세상을 비관하는 습성까지 차차 늘어감을 실감했다. 그는 홀로 남아 힘든 경제사회에서 버티며 아들과 아내의 생활비와 학비를 대느라 결국 아파트를 매각했고 심지어 다음해는 고향의 선산까지 팔고 말았다.

이 사건으로 부모와 친형제들까지 불신을 받으며 어렵사리 고생이 말이 아니었다. 더욱 힘든 것은 전업주부도 힘들다는 자잘한 가사와 홀로 식사를 해결하며 아내가 없는 텅 빈 집에서 그 외로움을 이기느라 분투하는 것이었다.

참고 참다 캐나다 행 비행기 티켓을 사서 아들과 아내의 경황을 보러 찾아갔다. 그렇게 믿고 믿었던 아내는 캐나다 사람과 결혼하여 살림을 차린 것을 보니 눈에서 불이 났다. 그러나 타국이란 조건 때문에 참고 있는데 잘되어라 빌며 조기유학까지 보낸 아들놈은 학교는 가지 않고 유흥지만 다닌다. 그도 하는 말이 장관이다. "그까짓 돈 몇 푼이나 되요. 이곳에선 하루 술값만도 못 해요." 잠시 후엔 "왜 아버지는 무엇을 잘못해 쫓겨났어요?" 하며 큰소리로 반박하며 덤빈다. "요놈이 애비에게 대들어." 하니 이번엔 두 눈에 쌍심지를 꼽고 삿대질까지 한다. 기가 막혔다. 세상이 캄캄했다. 홧김에 손이 올라갔다. 손만이 아니라 화도 최고조에 올랐다. 참을 수가 없었다. 분함에 못 이겨 정신이 몽롱해지면서 자신도 모르게 그만 아들의 뺨을 때리고 말았다.

우리 사회는 충분히 이해가 되고 아버지의 임무라 할 수 있겠으나 선진국에서는 이해가 아니고 폭력 행사로 인정되었다.

이 뺨 사건이 화근이 되었다. 캐나다 경찰에 체포되어 6개월의 징역형을 받았다. 면회 온 아내의 사정을 들어 본다. 돈줄이 끊기자 취직을 하거나 국가 보조금을 받아야만 했다. 그런데 신원을 보장할 시민증이 없었다. 아내는 가장 쉬운 방법인 주민과 결혼이란 것을 선택했고 아들은 노력봉사활동 실적을 쌓기 위해 유흥지에 갔었다는 사실이었다.

아빠 혼자서 강제출국으로 한국에 돌아왔다. 허무한 세상사 탓한들 무엇하리! 맘을 잡지 못한 아빠는 갖가지 고통을 견디지 못했다. 마침내 옛 친구들과 같이 바다낚시를 갔다. 친구들 몰래 계획대로 바다에 몸을 던졌다. 나는 가진 것 모두 처자식에게 주었다. 이제 마지막의 생명까지도 아낌없이 준다는 유서를 남기고 자살을 기도했다. 다행인지 불행인지 미수에 그치고 응급구호차로 병원에 실려와 빈 둥지 증후군이란 진단을 받았다.

빈 둥지 증후군. 이는 어쩐지 새가 된 기분이 들며 우리 생활에 어울리지 않은 것이 분명하다. 그래서 부성애증후군으로 병명을 고치고 보니 후진국에 태어난 것이 오히려 행복했던 그 시절의 추억이 그립다.

06 덕진공원의 세 여인

전주 덕진공원 수목에 대한 숲 해설을 부탁을 받았다. 앞으로 숲 해설사가 될 사람들이라 관심도가 높아 한 마디 한 마디 귀담아 듣고 질문도 많았다.

그런데 그 중에 가장 의의 깊게 해설한 나무가 있었다.

바로 무환자나무과 모감주나무다!

숲 해설가 후보들인데도 이 나무 이름을 아는 사람은 한 사람도 없었다. 아니 이름조차 들어 본 경험이 없었다고 했다. 이때 누구인지 몰라도 나이 많은 사람이 모주나무라 불렀다. "그래 모주! 술나무야!" 하고 한바탕 웃음꺼리가 되기도 했다.

모감주나무는 7월경에 황금빛 아름다운 꽃을 가진 나무다. 우리나라의 특산 나무로 꽈리형이며 열매가 가을에 익는데 특이한 분위기를 연출한다. 이 나무는 꽈리 모양 속에 씨앗이 들어있는데 천주교 신도들에겐 묵주로, 불교 신도들에겐 염주로 신앙의 믿음을 구하는 도구가 된다. 한국 고유나무로 가을에 종자를 심으면 다음해에 발아하며 공해에 아주 강하여 어느 곳에서도 잘 자라 왕릉이나 고궁에서도 볼 수가 있다.

한방에서 '난화欒花라 하며 사포닌 성분이 들어 있어 간염, 요도염, 장염에 효과가 있고 눈이 빨갛게 충혈될 때 효과가 있다.'라고 해설을 끝냈다.

목이 컬컬해 정자에서 쉬면서 매실 음료를 마시는데 세 여인이 나에게로 다가왔다. 나는 해설에 대한 질문이나 있는가 하고 매실 음료를 권했다.

여인들은 서슴없이 마시며 슬며시 『파수대』 간행물을 나에게 건넸다. 손에 쥔 간행물을 볼 순간도 없다. 짜인 각본처럼 한 여인이 "천년왕국 건설에 동참합시다." 하더니 다른 여인은 "예수는 원래부터 하나님의 신성을 지니고 오신 것이 아니라 인간으로부터 왔으며 예수는 육체까지 부활한 것이 아니고 영靈만 부활했다."고 한다. 나의 머리가 멍멍했다. 이 세상사에 혼동이 왔다. 그런데도 또 다른 여인은 릴레이식으로 계속한다. "지옥이나 영원한 심판은 없다. 영구에 아마겟돈이라는 전쟁이 일어나 전 세계 인구가 멸망하고 여호와의 증인만 살아서 천년왕국을 누리고 살 것이다."라고 강조한다.

계속적으로 진행한다. 또 다른 여인은 "우리는 병역을 기피한다. 수혈을 거부한다. 국가 체제를 거부한다. 그리고 진화론을 거부한다." 그래서 내가 "당신들의 남편이 여호와의 증인을 거부하면 어떻게 합니까?" 하니 "그럼 내 말을 듣지 않으니 이혼도 불사하지요.” 한다. “그럼, 거부만 하고 수용하는 것은 무엇이 있소.” 물었더니 말이 떨어지기 전에 한 여인이 “시한부 미래심판을 믿지요.” 한다.

한 여인은 나에게 “아직 덜 깨었어!” 하며 책 한 권을 또 준다. 책의 제목이 『깨어라』이다. 정말 왕신적 전도였다. 어쩜 이렇게도 세 치 혀의 언술로 짜임새 좋은 각본일까 느끼고도 남음이 있었다.

여호와증인은 1884년 미국 펜실베이니아 주에서 교조 찰스테즈 렛셀에 의해서 ‘시온의 파수대 전도 협회관’이라는 이름으로 창설되었다. 우리나라에는 1912년 R.R 홀리스터 선교사의 전도로 유입되었고 1957년 ‘왓취타워성 책자협회’로 인가를 받았다. 기성 종교의 ‘지옥에 대한 공포심을 없애고 천국은 이 땅 위에서 현실적으로 임한다.’고 전도해 목요일 밤과 일요일 오후, 일주일에 두 번씩 정기적인 집회를 갖고 있다. 그래서 사회와 종교단체의 지탄을 받고 있는 실정으로 알았다.

좀 전에 숲 해설한 모감주나무의 열매가 생각난다. 평상시는 염주로 성불하던 스님들도 국가가 위급하면 승병으로 국가를 구해냈던 나라인데. 과연 이 세상은 어디쯤 왔을까! 국방의 의무를, 또 국가 체제를 거부하면 누가 이 나라를 지키고 다스릴까? 대낮인데도 낮도깨비에게 홀린 것 같았다. 오늘 세 여인의 오염에 어리석음을 참회합니다. 기도를 하니 산새의 맑은 소리가 들린다.

07 전주에 가면 '여시 코빼기' 당한다.

"서울에 가면 눈 없으면 코 베어 간다." 또 "전주에 가면 여시(여우) 코빼기 당한다. 조심하라."는 말은 그 시대의 사회가 얼마나 혼란했는가 가히 짐작이 간다.

한양에서 전라감영 전주로 진입하는 호남 최대의 역참이 있던 곳이 삼례다. 남쪽으로 가는 산등성이 아래 한내의 비비정이 있고 그 밑 바위 근처에 전주로 건너는 나루터가 있었다.

이 나루터에서 전주와 삼례를 바람이 불 적마다 구슬프게 삐걱거리며 오고가는 행객을 돕는 나룻배가 있었다. 뱃삯은 무료인데 얄궂고 험악한 놈들이 주변을 째리면서 건너갈 사람, 건너올 사람에게 시비를 걸어 용돈을 뜯는 놈들, 즉 용천배기(나병환자) 코에서 마늘씨를 빼먹는 놈들이다. 아직 여독에 지친 나그네들은 멋모르고 하는 수 없이 몇 푼을 집어주지만 영 언짢기 짝이 없다. 이렇게 교활한 놈들이 목을 지킨대서 음어로 "여시 코빼기 당한다."라고 불렀다.

주로 한양에서 온 나그네들은 한내를 건너면 쪼꾸래미(片雲 : 조촌동)를 지나서 구릿골[銅谷]로부터 가래여울을 지나 주막동네[酒洞]에서 쉬었다가 여울을 건너면 숲정이에 도착했다. 다시 내를 건너면 도토리골, 응골[魚隱谷]이며 오른쪽으로 걸으면 돌다리, 물방아거리가 나왔다. 더 지나면 길 양쪽에 크고 작은 송덕비, 불망비가 늘어서 있는 비석거리, 떡전거리를 지나면 삼거리에서 서문과 북문으로 갈라진다. 서문에서 전라우도로 갈 사람은 서천교를 지나 금구, 정읍, 장성, 광주, 영광, 해남, 제주도로 갔다.

전라좌도로 갈 사람은 성벽을 끼고 동쪽으로 남천교를 건너 좁은목을 지나 색장리, 슬치, 임실, 남원, 순천을 건너 좌수영으로 갔다.

관리들이 말을 갈아탔던 곳으로 교통의 요지인 역참이 있다. 이리 가면 이리요, 저리 가면 전주요, 그리 가면 금마요, 고리 가면 고산이라 하여 사통팔달했던 곳이다.

그래서 삼례 역참에는 마방 200여 개, 말 15필, 부속역 12개 소, 역리 596명, 노비 242명, 일수(심부름꾼) 31명으로 전라도의 최대의 역참이었다.(『완주군지』 참고)

이 도령이 남원 가던 통로였고, 이순신 장군이 백의종군하며 내려갔던 곳이 바로 이곳이었다. 또 동학혁명군이 대대적으로 집결하여 서울로 향하던 곳이 여기였고 대한민국 국도 1번 도로가 관통하는 곳이다. 『완산지』에 의하면 삼례 후정리 정자는 선조 6년(1573)에 무인武人 최영길崔永吉이 건립하였으며 그후 철거되었다가 영조 28년(1752)에 관찰사 서명구徐命九가 중건하였다.

다시 오랜 세월이 흘러 정자가 없어졌다가 1998년에 복원되었다는 기록이 있다. 『비비정기飛飛亭記』의 내력은 우암 송시열宋時烈은 최영길의 손자 최양의 청탁을 받고 『비비정기』라는 기문을 써 주었다. 송시열은 무관을 지낸 최영길과 그의 아들 최완성, 손자 최양을 언급하고, 최양이 살림이 넉넉하지 못함에도 정자를 보수한 것은 효성에서 우러난 일이라 칭찬하며 다음과 같은 내용을 덧붙였다.

"비비정이라 이름한 뜻을 물으니 지명에서 연유된 것이라 하나 내가 생각하기로는 그대의 가문이 무변일진대 옛날에 장익덕은 신의와 용맹으로 알려졌고, 악무목은 충과 효로 알려진 사람이었으니 두 사람 모두 이름이 '비'자였다. 장비와 악비의 충절을 본뜬다면 정자의 규모는 비록 작다 할지라도 뜻은 큰 것이 아니겠는가. 한편 예로부터 이곳은 기러기가 쉬어가는 곳이라 하여 '비비낙안'이라 하였고 전주 8경 중의 하나이다."

비비정 아래로는 한내寒川강 혹은 삼례천이 유유히 흐르고, 주변으로는 드넓은 호남평야가 펼쳐져 있어 풍광이 매우 아름답다. 한내는 물이 유난이 차갑다 하여 붙은 이름으로, 깊은 산속에서 물이 흘러 형성된 소양천과 고산천이 합류하는 지점이자 전주천과 삼천천이 합류하여 만경강이 시작되는 지점이기도 하다.

한내는 군산과 부안에서 오는 소금과 젓갈을 실은 배가 쉴새없이 오르내렸던 곳이며, 전주 8경 중 하나인 '비비낙안飛飛落雁'은 비비정에서 한내 백사장에 내려앉은 기러기 떼를 바라보는 것을 말하는 것으로, 선비들은 비비정에 올라 술을 마시고 시와 운문을 지으며 풍류를 즐겼다 한다.

국도 1호선으로 한내 위에 4차선 다리가 놓였다. 한내 하천부지엔 새로운 영농기술로 맛과 멋의 기반으로 전주 토향의 발전을 기대해 본다.

08 마이산과 말

승용차를 운전하며 진안을 지나다 보면 차창 밖에 웅봉과 자봉이 서로 마주 서 있다. 어찌 부부금실이 좋아 수백 수천 년을 마주 보면서 부부산이 못 되고 말 귀를 닮았다 하여 마이산이 되었을까? 의문이 쌓였다.

마이산馬耳山(도립공원, 전북기념물 제66호, 면적 16.9㎢)은 숫마이산(678m)과 암마이산(685m)이 있다. 암마이산 밑에 탑사의 80여 개 석탑 군으로 유명하다.

이 마이산은 시대별로 신라 때는 서다산西多山, 고려 때는 용출산湧出山, 조선 초기에는 산이 내려준 금척을 묶는 모습이라 하여 속금산束金山으로 불렀다가 조선 태종이 남행하여 성묘산 아래에 이르러 관원을 보내 제사를 지내다 바라보니 말 귀와 같다 하여 마이산이라 불렀다. 『신증동국여지승람』에서는 산봉오리가 붓끝과 같다 해서 '문필봉', 바위 투성 이기에 '개골산', 돛대의 모양이라서

'돛대봉', 용의 뿔 같다 해서 '용각산'이라 했다.

> 물동이를 이고 나온 아낙네가 외치는 소리
> "아! 산이 크네, 아아! 저 산이 크네."
> 하늘에 닿을 듯 솟아올랐던 자웅은 주저앉았다.
>
> —「그름재 속금산에서」

우리 민족의 고유한 전통문화 속에 공유해 온 상징적인 말과 그 속에 내재한 생물들의 생태가 숨겨져 있었다는 사실은 그만큼 관심이 깊었다는 징표였다.

그럼 윷과 말에 내재한 사실을 알아보면 윷놀이 때 가장 바람은 최고인 '모'다. 이 '모'는 말이 변한 말이다. '말을 몰다'라고 할 때의 동사 '몰'은 몽골어로 '모린(Morin)'의 근원으로 '물'의 어원이 아닐까 한다.

경주 고분벽화에 등장한 천마天馬는 하늘과 소통하는 신성한 영물로 세계 3대 위인인 예수 탄생도 마구간이요, 경주 천마총도 마구간임은 틀림없는 사실이 아닐 수 없다.

『삼국유사』의 혁거세는 흰 말 한 마리가 꿇어앉아 절하는 모양을 하고 그 말 앞에 자주색 알이 하나 놓여 있었다. 말은 사람을 보더니 길게 소리쳐 울고는 하늘로 올라가버렸다. 그 알을 깨어보니 단정하고 아름다운 옥동자가 나왔다. 『동국여지승람』의 기린굴 전설에 고구려 시조 주몽이 타고 굴로 들어가 땅속을 통하여 조천석으로 나아가 승천했다는 기린말도 고구려인이 말을 신성시했다는 것이다. 조선 태조는 서울 동대문 밖에 마조단을 설치해 제사를 지냈고 경복궁을 지키는 기단 말의 석수로 보아 우리는 말의 생활문화가 깊숙이 지배했던 것은 틀림없는 사실이다.

칠순을 넘고 보니 그 옛날 죽마고우가 영상의 자막처럼 떠오른다. 죽마는 키의 2배 되는 대막대기를 맨 앞의 아이가 다리 사이에 끼운 후에 대막대기의 머리 부분을 잡으며 두세 명의 아이들이 그 뒤에 함께 타고서 승마 흉내를 내며 동네를 돌아다니는 놀이다. 이것이 발전해 목마로, 더 발전해 현재는 승용차에 합승했다고 한다.

잊혀가는 것들 중에 사람의 욕심이 끝없는 것을 비유해 "말을 타면 경마 잡히고 싶다." 했고 친척 간에 언행을 경계하기 위해 "말도 사촌까지 상피한다." 했으며 고생스러워도 살아 있는 것이 좋다는 뜻에서 "말똥에 굴러도 이승이 좋다."가 있고 남의 세력에 기대어 덕 보는 사람에 비유해 "말 꼬리에 파리가 천리 간다."는 말이 있다.

말은 전쟁용 또는 교통용으로 긴요하게 쓰여 왔다. 문학 속에서 말이 가지는 상징성이 다양하게 나타나는 것을 생태학으로 밝히고 싶었다.

고구려 벽화무덤인 장천 1호의 사진을 보았다. 입에서 서기를 뿜고 가슴과 발에 우모가 돋고, 갈기와 고리를 휘날리며 천공을 나는 백마가 그려져 있다. 그런가 하면 경주 천마총 155호 분에 자작나무 껍질로 만든 말다래에 그려진 그림과 어쩜 그렇게도 상통할까 의심이 갈 정도였다. 말 모양의 토우나 천마도 등은 당시 피장자의 영혼을 싣고 승천한다는 상징물로서 의미를 담고 있었다.

꿈에 말을 보면 횡재가 생기고 아침에 흰 말을 보면 그날 재물이 들어온다고 믿었다. 이는 순결과 광명을 나타내고 신성함, 위대함, 길함을 지니고 있어 혼인 풍속에서 신랑이 백마를 타고 신부집에 갔다. 또 말띠에 태어난 사람은 웅변력과 활동력이 강하여 매사에 적극적이라고 하는 것은 우리의 신화와 설화 중에 말과 관련된 태양신화로 천마사상이었다. 일본의 경우 말을 산신, 도조신, 수호신으로 신성시한다. 죽은 말을 공양하기 위해 세운 마루관세음이 전국에 설치될 정도이며 말을 상징해 "말 귀에 염불."이라 하고 우리나라는 소를 상징해 "쇠 귀에 염불."을 연상시킨다.

> 굴레 벗은 천리마를 뉘라서 잡아다가
> 조죽 삶은 콩을 살지게 먹여 둔들
> 본성이 왜양하거니 잇을 줄이 있으랴.
>
> —「김성기 시」

세속에 얽매이지 않는 작자 자신의 자유를 원초적으로 상징성인 자유와 호방한 기개를 말에 비유해 마이산을 바라보면서 느껴본다.

09 하늘 새를 바라보며

정읍 내장산에서 49번국도로 올라서면 순창 추령재다. 거대한 천하대장군과 지하여장군으로 2,000여 평에 옛 농경문화를 엿볼 수 있게 선사시대의 초가집과 10여 개의 솟대가 세워져 있다. 이 솟대 위에 하늘의 사자인 '하늘 새'를 바라본다.

우리 민족을 지켜 주기를 간절히 바라는 소망으로 비, 눈, 구름, 바람을 타고 고통과 슬픔을 이겨내며 기쁨을 나누어 주는 신령스런 솟대를 세워 받들고 있다.

아주 짧고 간단히 해설한다면 동명 왕 신화에 알로 태어난 주몽이 금와 왕에게 버려졌을 때 짐승들이 그를 피해가고 뭇 새들이 날개로 감싸주었다. 이 신화에서는 새가 신성한 자의 수호자였으니 하늘의 사자인 하늘 새를 만들어 조간鳥杆이라 상징한다.

하늘 새는 액이나 살, 또는 잡귀의 침입을 막는 수호신적 존재였는데 현재는 건강과 부자 그리고 출세를 기원하는 사람이 더 많아졌다고 한다.

솟대의 기원은 청동기시대로부터 거슬러 올라가 유물로 나무로 만든 새가 출토되었고 고려시대는 짐대란 이름으로 「청산별곡」과 낭옹화상의 서왕가에 나타난다.

가다가 가다가 듣노라
마당을 돌아서 가다가 듣노라
사슴이 짐대에 올라서
해금을 켜는 걸 듣노라

—「청산별곡 제7연」

오랜 역사 속에 강원도는 솟대를 영구적으로 철간鐵杆으로 만들었고 전라도는 석간石杆으로 만들었다. 그 위에 새의 종류도 다량하다. 봉황, 기러기, 까마귀, 따오기도 있었고 대부분은 오리였던 것이 가장 핵심이었다.

이는 『동국이상국집』의 기록이 '물새인 오리를 숭배하고 있다.' 라고 기록되었다.

'하늘 새'에서 짐대로 발전하니 생각나는 것이 있었다. 내가 중국 무이산에 갔을 때였다.

이 세상에서 가장 크고 가장 높이 날고 가장 독한 새가 중국에 있다고 자랑하는 새가 바로 '짐조'란 새였다. 이 새는 오보사를 잡아먹고 사는 새로, 새들 중에서도 독사보다도 더 무서운 새였다. 오보사란 독사에게 물리면 다섯 발 가다가 죽는다는 뜻에서 오보사五步蛇인데 이 오보사만 먹고 사는 새인지라 얼마나 지독한 새인지 가히 짐작이 가고도 남는다.

이 새가 사람의 음식 위로 지나가며 그림자를 한 번만 비춰도 그 음식을 먹은 사람은 모조리 독성으로 죽어 버린다고 하니 독사보다 수백 배 독한 독을 지닌 새라는 것을 누구도 부정할 수 없을 것이다.

이 새를 보았다는 사람은 아직 없지만, 아무튼 이 같은 새의 독을 없애는 것도 식물임을 발견했다.

자연이 얼마나 균형 있고 조화롭게 되었는지 세삼 깨달았다.

집안에서도 흔하게 잘 자라는 명아주의 줄기와 입을 따서 생즙을 먹으면 해독이 된다는 그 천기의 비밀을…….

'하늘 새' 하니 떠오르는 마그리트 그림이 있다. 이 그림은 벨기에 초현실주의 화가의 대표작인데 구름을 통한 이미지를 담은 것으로 아주 적은 금액으로 벨기사베나 항공회사가 별 관심 없이 구입했는데 이 회사가 부채에 시달릴 땐 주인이 없었다. 파산으로 경매에 붙인 결과 우리나라 돈으로 47억 원이었다. 회사 직원 12,000여 명의 퇴직금이 마련되었다는 대박 희소식이었다. 이제 우리도 경인년 한 해도 '하늘 새'의 푸른 꿈으로 대박을 기원한다.

10 자작자작, 당신을 기다립니다

조선시대 형리들이 종이를 붙이며 즐기는 모습을 그려보며 종잇장 같은 나무껍질을 벗기며 하늘을 바라본다.

익산 여산 백지사白紙死 기념비 앞에 서서 한 장 한 장 벗기는 기분이 든다. 병인丙寅, 무진戊辰 양 박해 때 벼슬아치 양반들의 노리갯감으로 얼굴에 백지를 붙여 가쁜 숨을 헐떡이면서 마르면 다시 물을 부어 호흡을 멎게 했으니 그 얼마나 고통을 당했을까! 순교의 장면을 그리다 대원군 척화비(전북유형제 93호) 앞에서 푸른 하늘을 바라봤다.

그러나 순교자들은 다시 살아 돌아오지 못해도 나는 백두산의 자작나무들은 여린 둥치와 은빛의 수피만으로 어찌 매서운 겨울을 견뎌낼 수 있을까 의심도 간다. 하지만, 하늘을 향해 힘껏 뻗으려는 몸짓만큼이나 꼿꼿한 다짐으로 앙상한 나뭇가지 위에 푸른 새잎이 돋아나는 것을 바란다.

우리 명산 백두산!

얼마나 가고 싶었고, 보고 싶었던 백두산이었던가?

한숨이 나오며 기가 막혔다. 원통할지고 우리 산 백두산인데도 불구하고 '장백산 산림 생태계 통정위참 허가증'을 목에 걸고 안내원을 뒤따라 나섰다.

최저 기온이 -40℃요, 강풍은 초속 60m, 연중 3개월 정도를 빼고는 수시로 찬 서리와 폭설로 덮인 장백산입니다.

장백산長白山 산림생태원엔 눈이 소복이 쌓인 잎갈나무, 낙엽송, 비자나무, 전나무 숲, 가문비나무들의 빽빽한 숲을 한 걸음 한 걸음 옮길 때마다 자연의 아름다움에 도취되었다.

하늘을 찌르듯 곧게 자란 자작나무생태원은 북방 나무로 하얀 나무줄기가 나무 중에 신사로, 미인 나무로, 낭만적인 나무로 그 매력은 나의 발목을 잡고 놓아주지 않는다.

중국 전설에 의하면 하늘을 날던 천사가 차디찬 겨울 산 속에서 자라는 나무를 외롭고 불쌍히 여겨 흰 날개로 나무 등걸을 칭칭 감아주었다. 그래서 흰 나무껍질 한 장 한 장 벗겨진다고 해설을 한다.

바람이 불어 하얗게 흔들리는 나뭇가지의 물결이 이국적인 느낌마저 자아내는 풍경이었다. 마치 유럽 북부 노르웨이의 웅장한 자작나무 숲에선 까마귀 떼의 응시와 굶주린 늑대의 울음소리가 들리는 것 같았고, 러시아 대륙의 자작나무의 숲에선 낮게 나는 독수리를 바라보며 닥터 지바고가 라라와 마지막 밤을 보내는 설경에 흰 달빛까지도 착각할 정도였다.

시린 겨울의 파란 하늘이기에 그 어느때보다 더 하얗게 빛나는 자작나무 숲에서 눈처럼 새하얀 줄기가 푸른 하늘을 향해 뻗어 있는 모습을 바라볼 때면 맑고 차가움과 아름다움을 동시에 느낄 수가 있었다.

햇살을 받아 더 창백함, 헐벗고 추운 계절일수록 더 빛나는 자작나무는 순백의 아름다움으로 짙고 어두운 숲에서 홀로 눈부시었다.

자작나무 잎은 타원형이고 꽃은 4~5월에 피어 암꽃은 위로 서고 수꽃은 이삭 모양으로 아래로 쳐지며 열매는 9월에 익는다.

잎이 다 지고서야 얇은 종이를 여러 겹 발라 놓은 듯 제 하얀 살갗을 고스란히 드러낸 자작나무의 껍질에 조심스러운 손길로 다가간다. 그리고 하얗고, 얇고, 종잇장처럼 껍질이 잘도 벗겨진다. 벗기다가 문득 떠오른 것이 있다.

자작나무는 불에 탈 때마다 '자작자작' 하는 소리를 낸다고 자작나무다. 또 '당신을 기다립니다.'의 말이 있다. 백두산 자락에 사는 조선족은 자작나무의 오래 타는 성질을 이용해 촛불이나 호롱불 대신 불을 밝히는 나무로 불과 몇십 년 전까지도 사용했단다.

내 기억엔 얼마 전까지만 해도 강원도 일원의 북부지방과 남이섬 자작나무 숲에서 볼 수 있었는데 이제 우리나라 어느 곳에서나 볼 수 있다. 심어만 놓으면 빨리 자라고 목재는 단단하고 뒤틀림이 적어서 옛날부터 목판활자 조각용으로 쓰였고 우리 문화유산인 팔만대장경 활자도 이 나무로 만들었다.

그런가 하면 매끄럽게 잘 벗겨지는 것을 이용해 불경이나 그림을 그리기도 하였다.

그 이유인즉 큐린(cutin)이란 방부제 밀랍이 많이 들어 있다는 사실로 썩지 않고 곰팡이도 피지 않은 나무로 경주 고분 천마총에서 발굴된 말다래의 주원료가 되었다. 옛날 화공들이 나무껍질을 태워서 그림을 그리고 가죽의 염료로도 사용해서 붙여진 '백서'란 이름도 있다.

현대 과학으로 자작나무의 수액의 이용도가 다양함을 밝힌다. 그 중에 자일리트 껌의 주성분에 사용한다.

날이 추워질수록 수피 속의 수분이 적어지면서 하얀빛깔이 더욱 도드라지는 자작나무는 겨울 햇살이 비칠 때마다 강한 빛을 내뿜지만 동시에 애잔하고 쓸쓸한 분위기를 풍기던 자작나무다. 그러기에 조선족에겐 자작나무는 귀한 나무로 여겨졌다.

매서운 눈보라 속에 마음속의 모닥불을 피우니 자작자작 타는 소리가 들린다. "다음엔 하루 속히 남북통일하여 자유롭게 와 달라." 자작나무는 말을 계속한다.

따뜻한 정 쌓아 당신을 기다립니다. 자작자작 소리!

토향 이야기

제 6 장 | 토향의 아름다움

01 건지산의 벌개미취 꽃
— 당신을 잊지 않으리

전주의 주산인 건지산에 도천봉과 장구봉(토기봉) 그리고 천마봉에서 갈미봉을 찾았다.

먼 산의 나무들이 붉게 단풍으로 물들고 느티나무 가로수에서 쏟아지는 온갖 영롱한 잎들이 수북이 쌓일 것을 생각하면서 이별을 고하는 가을의 아쉬움 속에 산책길을 나선다.

산등성이에서 가을꽃을 만났다. 쑥부쟁이인지, 벌개미취인지 구분할 수가 없어 한참을 망설였다. 쑥부쟁이와 피는 시기나 꽃모양이 비슷하여 구분이 명확하지 않지만 자세히 보면 잎의 모양이 분명히 달랐다.

쑥부쟁이는 논과 밭의 습기가 많은 곳에 자생한다는 점을 발견했고 벌개미취는 물 빠짐이 좋은 곳 메마른 언덕을 좋아한다는 점도 알았다.

이 호젓한 산마루 곱돌아 오솔길엔 근엄한 바윗돌이 있다. 그

바위 밑에서 하늘보다 깨끗한 연보라색 꽃잎의 벌개미취를 보고 있노라니 실바람에 가는 허리가 끊어질듯 휘어지면서 마치 청초한 가을 여인과도 같이 반겨준다.

“당신을 잊지 않으리.” 하면 살갗에 와닿는 바람이 상큼하다. 아마 가을의 벌개미취꽃이 벙글고 있어 풍요로움과 수확의 계절이라 하는지 모르겠다.

산속에 홀로 피어 하는 말이 있다. “당신을 잊지 않으리.”라고 이 한마디 말에 내 마음속에 응어리진 분노도 나쁜 마음도 말끔히 씻기고 만다. 그래서 벌개미취 꽃말과 같이 꽃들로부터 시샘을 받는 꽃인 줄 몰랐다.

대학원 시절에 대학입시 고사장에 감독한 사실이 있었다. 2차시에 “5분 남았습니다.” 하고 시계를 보는 찰나였다. 한 여학생이 커닝 왕복페이퍼를 넘겨주고 있었다. 이를 본 나는 책임감이 발동해 독수리 병아리 채듯 옆 사람도 모르게 주의하며 아주 민첩하게 그 증거물을 낚아챘다. 그리고 말없이 고사장 뒤를 향해 한 걸음 한 걸음 걸었다.

고사가 끝나고 호주머니에 증거물 쪽지를 보았다. 깨알 같은 글씨로 좁다란 공간에 “당신을 잊지 않으리.” 문구가 있어 피식 웃다가 생각했다. 악의적으로 잊지 않으리인지 아니면 선의적으로 잊지 않으리인지를 구별할 수 없었다. 그 후 대학원 졸업식 날이었다. 낯선 여대생이 “축하합니다.” 하며 정중한 인사와 함께 꽃다발을 안겨준다. 집에 와 꽃다발을 보니 연보라색 종이에 예쁜 꽃 그림이 있고 그 밑에 검정 글씨가 눈에 띄었다. “당신을 잊지 않으리.” 오늘 또다시 기억이 새롭게 떠오른다.

가을에 피는 꽃들은 세속을 떠난 은자와 같이 고고함이 있어 좋고, 사색하고 행동하는 연보라색 꽃이라 더 좋아한다.

산 정상에 서서 양팔을 벌리고 깊은 숨 내쉬니 산 전체가 정열을 불태우고 이별을 고하는 준비의 계절 모든 번뇌를 벗는 계절이었다. 가을 산!

이 가을 산에 인생을 생각하게 하는 계절인지 이별의 예감을 안고 와선 아쉬움만 남겨 놓고 가는 것인지!

건지산의 가을꽃 연보라색 벌개미취 때문인 것 같다!

02 다시 걷고 싶은 은행나무길

전주 은행나무길에는 튼실하고 우람했기에 배를 메었다며 위험을 풍기어 무시무시했던 커다란 은행나무가 있었다.

600여 년의 수령을 가진 은행나무에게 크나 큰 변고가 생겼다. 18만 엔의 경비로 도로 및 하수 공사가 1927년부터 3개년에 걸쳐 착수되었다. 공사에 방해가 된다고 전주 수장 모리야마 이오타리(守山五百足)의 명에 따라 스즈키 고타로(鈴木幸本郞) 입회 아래 무참하게 베어버리고 말았다.

그 후로 "은행나무의 혼령이 매일 밤에 운다."는 소문과 이곳에 대 화재가 일어나고 불길한 일들이 속출했단다. 그래서 모리야마는 같은 장소에 어린 은행나무를 심고 술을 바쳐 고목의 영혼을 달랜 뒤 어린 나무의 성장을 빌었다. 그런데 이듬해 스즈키가 돌연히 변사하고 다음해엔 모리야마도 급사하여 이런 일이 끊이지 않으니 사람들은 모두 은행나무의 저주라고 수군댔다.

당시의 건축가 연번年番이 자기 창고에 보관한 3년째 건조되어야 할 은행나무 재목에 생생하게 싹이 돋아 있는 것이 아닌가! 연번은 적지 않게 놀라 그만 도망쳐 일본으로 갔다.

마을사람들은 이 재목으로 지장존을 만들고 최담 선생이 심었다는 풍남동의 큰 은행나무를 옮겨 심고 당우까지 건립하여 고목의 영혼을 달래주기로 입불개안의 식을 올렸다.

내가 소학교(초등학교) 1학년 때로 생각된다. 은행나무골목 안에 다섯 살 위의 사촌 형이 살았다. 나는 베잠뱅이에 통 고무신짝을 한 손에 쥐고서 개구리를 잡아 친구 삼아 놀다가 죽은 줄 알고 냇물에 던지니 살아서 동동 헤엄쳐 도망갔다. 형은 냇물을 바가지로 두어 번 떠서 놋대야에 담고 나의 얼굴을 먼저 씻어주고 다음에 손을 깨끗이 씻어준다. 나는 "왜 손 먼저 씻지 않고 얼굴 씻지?" 하니 "얼굴보다 손이 더 더러워서." 할 때였다. 큼직한 능구렁이가 나타났다. 큰어머니는 재빨리 머리카락 다발을 가지고 와 구렁이 앞에서 태우면서 두 손 모아 빌고 있던 모습이 그려진다.

또 있다. 은행나무 길에 짐을 싣고 가던 말, 소들의 달구지에 쭉쭉 싸고 간 똥들이 무덕무덕 있었다. 형은 이것들은 굳기도 전에 농군의 퇴비장으로 갔다고 설명했다.

신작로는 보송보송하고 검붉은 흙길이 되어 맘 놓고 뛰어 다녀도 돌에 부딪쳐 넘어지거나 고무신에 달라붙는 게 없는 좋은 길로 생각되었다.

초등학교 5학년 때인가. 은행나무 고샅은 여느 동네 동구 밖과 다른 게 없었다. 엿장수의 가위질 소리가 쨍그랑 쨍그랑 들렸다.

형은 마루 밑에서 깨어진 놋쇠 밥그릇과 헌 고무신짝을 찾아 엿장수에게 달려갔다. 판판한 엿판 위에 납작한 쇠끌을 대고 가위로 톡톡 치면 떼어지는 엿과 바꿔먹던 그 맛은 달았고 달콤했던 것 같다.

사범학교를 졸업하고 교사 발령을 무주로 받았다. 그 시절엔 군산에서 무주는 하루에 못 갔다. 꼭 전주에서 자고 새벽 버스를 타야만 했다.

여름철 은행나무 주위는 큰 멍석자리처럼 그늘이 져서 시원하기가 어디에도 비길 데가 없었다. 어쩌면 폭염 속에 "아이스~케~이끼." 하고 길게 외쳐대는 소년의 목쉰 소리에 유혹되어 사 드렸다. 큰어머니는 앉아서 아끼고 아껴가며 조금씩 핥아 자신다. 드디어 막대기까지 단물을 다 빼먹었을 땐 허무감 속에 고이는 눈물을 감추고 말씀하신다.

"기다림에 지쳐서 잠 잃은 밤에 '아이스~케~끼' 고함소리가 멀리 사라질 때면 너의 형이 '어머니' 하고 소리치는 것만 같다."는 말에 나의 가슴이 철렁 내려앉았다! 사촌형은 6·25전쟁 당시 학도병에 군번 없는 병사로 참전했었다.

휴전을 앞두고 치열했던 다부동 전투! 이름 모르는 곳에 동생이 찾아주길 바라면서 60년 세월을 잊지나 않고 있는지! 수백 년을 하루같이 보내온 은행나무가 오늘따라 태양을 잃고 절규한다.

그 아래 황금빛 날개, 얇은 눈썹의 잎들은 서로 다투어 "맛과 멋과 흥의 도시 전주를 지켜 온 당산나무였다."고 한다.

절규의 은행나무가
잎은 황금빛 이별장이 되어
영혼을 물들이고
활활 꾀 벗은 바람 따라
은행나무 넋이 시공을 꿰뚫으니
어쩌다 너만 훨훨 멀리 보내고
나만 홀로 울리는가!

시간을 돌이킬 수 있다면 옛날 낭만과 삶이 범벅이 된 은행나무 길에 추억을 다시 살려내어 그 냄새를 맡고 수많은 소리를 다시금 듣고 싶다. 가을날 은행잎이 낙엽으로 깔린 그 길 위를 다시 걷는 나는 철학자가 된 것만 같다.

03 얼음 새의 복수초

퇴직자들이 중심이 된 원로회 모임이 있다. 경인년 새해에 건강을 기원하고 또 자기 스스로 건강 점검을 위해 덕유산 겨울 산행을 강행했다.

덕유산 관광콘도라에서 첫 밤을 보내는데 안내인이 찾아와 "적절한 시기에 참 잘 오셨습니다. 지금 덕유 평전엔 구상나무와 고사목들이 눈꽃으로 이루는 진풍경과 복수초가 눈 속에 피어 이를 보려고 전국 사진작가들이 모여 이 콘도라에서 투숙하고 내일 동행합니다."라고 말했다.

젊은이들과 동행할 수 없음을 알리고 우린 늦은 아침에 서서히 설천봉(1,522m)으로 향했다. 산의 정상에 오르니 운무에 가린 고사목이 수천 년의 삶을 보여주었고 그 밑에 작은 나무들마다 눈꽃들이 아름답게 피어 보는 이들에게 감탄과 감격을 주었다.

향적봉을 향한 능선 길에서 바라보는 계곡은 청량하기 그지없이 계곡과 계곡은 겹으로 쌓였고 눈에 덮인 능선은 장쾌하게 이어졌다. 이제 본격적으로 향로봉에 진입해 바위벽을 가로지른다. 머리카락이 쭈뼛쭈뼛 서고 다리는 낡아빠진 오토바이 타듯이 덜덜거린다.

일행 중에 낙오자가 생겼다. 큰일이다! 한참 찾았다. 그런데 찾는 줄도 모르고 카메라맨 T씨는 무릎까지 빠져드는 눈 길을 건너 복수초 앞에서 덮은 눈을 헤치며 사진 찍기에 여념이 없었다.

"복수초 발견." 하고 소리쳤다. 하나, 둘, 모두 모였다. 이젠 전직 교장 출신인 P씨가 복수초 잎사귀를 손으로 만져보며 또 꽃을 억지로 펴도 보았다. 그런가 하면 야생화 연구가인 M씨는 복수초 생존의 온도를 알기 위해 배낭에 로프며 온도계까지 가지고 왔단다. 로프를 메고 허벅지까지 빠지면서 경사진 비탈까지 내려가 온도를 재 보았다. 복수초 옆으로 50㎝ 떨어진 곳. "외기의 온도 -3도." 하며 소리친다. 10분 후엔 다시 "꽃봉오리 내부의 온도 +4도." 하니 일행들은 모두 귀를 의심하였다. 너도 나도 "다시." 하니 "영상 4도." 한다. 이를 믿지 못한 국장 출신인 K씨가 내려가 확인한다. "어김없는 +4도. 틀림없음. 이상." 보고였다. 그럼 7도 정도나 차이가 난다.

분명히 복수초 자신이 열을 발생한다는 사실을 발견했다.

복수초福壽草! 무슨 원한이 있기에 복수를 위한 화기일까, 열기일까!

추운 겨울날 사무쳐 찬바람 매섭게 불어와 하늘의 달마저 얼고, 주야에 쉼 없이 흐르던 물까지 꽁꽁 언 계곡에 맨 처음 꽃으로 피어났다.

그래서 '눈 색이 꽃'이라 하고 얼음 사이로 꽃이 솟아 '얼음 새꽃'이라 한다.

또한 음력 설날에 꽃을 피운다고 원단화元旦花, 원일화元日花라는 덕담의 꽃으로 복福 자에 수壽 자를 쓰니 복을 많이 받고 오래 살라는 꽃이다. 꽃말 또한 '영원한 행복'이고 복수초는 행운의 꽃이며 정겨운 꽃이요, 우리말 우리의 꽃이름이니 선조의 지혜를 가히 짐작하지 아니할 수 없다.

눈과 얼음들 속에서 꽃을 피워 생태적 특성을 잘 나타내주고 있으니 복수초는 생명의 위대함과 대 자연의 경이로움에 감탄하지 않을 수가 없다. 산속 양지바른 곳이면 어디나 꽃 중에서 제일 먼저 피는 꽃으로 여러해살이풀이다. 꽃의 지름은 3~4㎝ 정도지만, 10~20개의 꽃잎이 겹겹이 포개져 있다. 이 꽃잎은 햇빛이 비치면 열고 해가 숨어 버리면 금방 닫아 버린다. 꽃 속에는 수술들이 다복하게 모여 있고 그 속에는 오돌도돌 돌기가 난 연두색 암술들이 자리 잡고 있다.

약용식물 관리사인 H씨는 복수초는 뿌리에 강한 독성이 있어 강심작용과 이뇨효과로 심장병과 정신쇠약증, 그리고 피부의 물집에 처방한다고 설명했다.

눈보다도 밝고 선명한 노란색 꽃에 나는 매혹되었다. 이 장면을 놓칠 수가 없어 몇 자 수첩에 적어 봤다.

복수초

하얀 눈 속에 샛노란 얼굴은 탐스럽고
삭풍에 열린 가슴 그 품으로 들고 싶다
으늑한 향을 풍기며 흐늑이는 저 웃음!

눈 속에 피어나서 곱고 맑은 매무새며
이파리 디디고 서서 염원하는 마음씨는
복수 길이면 용서와 이해로 피는 꽃 되리.

꽃에서 열을 발생한다. 그럼 수연이 있지 않은가! 또 일출과 같이 개화하고 일몰과 같이 꽃잎을 접는 꽃도 수연꽃이지!

그러기에 수연꽃이 청정함과 순수함과 같이 완전무결을 자랑한다. 수연꽃은 흙탕물에서 자란다 하여 탄생과 재생 그리고 윤회의 뜻으로 배웠다.

그러나 또 있다. 연꽃으로 눈 속에 핀다는 설연화雪蓮花는 일명 복수초다. 다른 풀들이 염치없이 설치는 무성한 5월이면 삭풍에 외롭게 태어나 외돌토리로 꽃 피우고 더 욕심 부리지 않고 흔적 없이 사라지는 꽃이다. 복수초는 자연의 섭리에 순응하며 살아가는 그 지혜를 오늘도 배우게 한다.

04 내장산! 우리 나무 100 (1)

금남호남정맥 완주 주화산에서 갈라져 호남정맥이 북으로 금남정맥을 보내고 남으로 만덕산, 오봉산, 왕자산, 고당산을 지나서 동편으로 임진왜란 때 희묵 대사가 승병으로 싸웠던 장군봉(696m)이요, 고내장의 백련암이 마주 보인다 해서 연자봉(665m)이고, 금선대에서 신선들이 놀다가 하늘로 올랐다는 신성봉(763m)에 이어지고, 북쪽으로 틀어지다가 까치날개처럼 생겼다 해서 까치봉(717m), 주변의 연봉들이 한눈에 들어온다고 연지봉(671m), 서해까지 바라보인다 해서 망해봉(650m)이 솟구치고 다시 동쪽으로 부처가 나왔다고 해서 불출봉(610m), 농기구인 써래처럼 생겼다 해서 써래봉(622m), 붓끝처럼 뾰죽하게 생긴 문필봉(675m)을 합친 9봉 중에 신선봉이 가장 높아 내장산(763m)은 박정희 대통령께서 내장산에 오셔서 "단풍이 너무 아름답다." 감탄을 하며 이곳을 개발하고 국립공원으로 지정했다는 비화가 있다.

내장산은 안 내內 자에, 감출 장臟 자라는 한자로 알 수 있듯이 산 안에 숨겨진 것이 무궁무진하다고 하여 내장산이라고 불리게 되었다고 한다.

내장산은 식물 약 760여 종, 동물 현황은 약 860여 종이 살고 있다.

내장산에 살고 있는 식물들은 아주 옛날부터 살던 것이 대부분인데, 그 중에 단풍나무가 150여 종 분류로 나눈다. 3갈래 잎은 중국단풍, 신나무, 복장나무, 복자기나무이고, 5갈래 잎은 시닥나무, 산겨릅나무, 네군도단풍, 부게꽃나무, 은단풍이다. 7갈래 잎은 아기단풍나무, 홍단풍, 청단풍, 당단풍이고, 9갈래 잎은 청세열, 홍세열, 처진단풍, 공작단풍, 섬단풍 중에서 가장 으뜸으로만 이룬 만산이 홍엽이요, 길 바닥도, 흐르는 시냇물도, 보는 나까지도, 하늘까지 붉은 물이 든 오차원 세상의 산이다.

깃을 세운 공작들의 금빛 자락에
방울을 흔드는 손만 너울너울
선무당들의 굿판에
연지 곤지 입술
해 뿜은 가쁜 숨결
무심코 흘린 혼 불이
뜨거운 불길로 치솟는데
화염에 놀란 산새들이 지저귀며
떼지어 나랫짓 하니

내장 아홉 봉우리마다
타는 불빛이
햇살 무늬에 부딪쳐
온 산천이
홍엽으로 활활 탄다.

돌단풍은 초본이며 범의귀과임을 강조하니 봄바람에 송홧가루를 털어내는 노송들. 그 솔 숲에서 내뿜는 송진 냄새 속에 우리 것 우리 나무들을 생각해 본다.

금선계곡 일대(109,200평)가 보호구역인 굴거리나무 군락 (천연기념물 제91호) 만산의 나무들이 가을 단풍을 마지막으로 조락해 앙상한 나무인데 비해 홀로 6m 상록교목으로 고무나무 잎 비슷해 10~20cm 호상으로 가관을 보인다.

그런가 하면 겨울 산을 아름답게 홀로선 노강주나무!

이른 봄 산수유나무, 생강나무. 개나리가 봄의 산야에 노란꽃으로 유혹한다. 다음엔 목련꽃, 진달래꽃, 연달아 피고 나면 철쭉꽃도 있다. 봄나물로 유명한 회잎나무며 꽃이 필 때의 화려함은 장관이지만 봄비 맞고 새싹 피우며 꽃잎이 눈처럼 날릴 때의 모습은 비정하리만치 애달픔이 있는 벚꽃이다. 이 벚꽃나무는 일본의 것 '사꾸라'가 아니고 우리나라 제주도 한라산이 원산지로 밝혀졌다. 쌀밥이 얼마나 먹고 싶었고 그리웠던지 꽃을 쌀밥으로 알았던 나무! 농사의 풍년과 흉년을 예측했던 신목인 이팝나무요. 안정된 숲의 상징 서어나무가 있다.

조선 시대 당산 나무라 느티나무며 팽나무, 그리고 느릅나무와 모과나무도 있다. 그런가 하면 수수이삭같이 복실한 흰 꽃인 쉬땅나무가 있는가 하면 술병 모양으로 연노랑과 붉은빛의 두 가지 색깔의 병꽃나무가 내가 꽃 중에 색동저고리요 한다.

내장사 경내에는 부처의 머리를 닮은 백당나무! 깨달은 자의 나무 보리수다. 이 보리수는 3종인데 슈베르트의 가곡 「보리수」는 중국 피나무과 보리수요, 뽕나무과 인도 보리수 그리고 동남아 자생의 보리수다.

5월에 산방 차례로 흰 꽃의 무리를 멀리서 보면 꽃 모양이 부처의 두상을 닮았다고 불도화다. 그런가 하면 사찰을 빛나게 하는 성스런운 꽃 수국이 반긴다.

6~7월에 홍자색 꽃이 만개하면 은은한 향기가 백 리까지면 백리향, 천 리까지면 천리향, 만 리까지 번진다는 만리향이다. 꽃이 피면 백일간 간다고 백일홍(배롱나무), 함박처럼 웃음이 가지마다 피어서 함박꽃나무, 오곡 중의 하나 수수처럼 생겼다고 수수꽃다리(라일락)가 있어 그 이름 자체로 소박한 우리의 멋이 떠오르고 참맛이 입안에 감돈다.

05 내장산! 우리 나무 100 (2)

다시 고개를 들어 빽빽한 편백나무 숲과 잣나무를 바라보니 건강한 잎에서 뿜어 나와 톡 쏘는 방향성 피톤치드와 테르펜, 그리고 음이온을 감지하면서 바로 그 옆을 보니 독사에 물린 상처를 치료하는 '노박덩굴'이며 천연과일의 머루가 있고 탐스런 초코렛 바나나인 '으름덩굴'과 해독에 좋은 '청미래덩굴', 그리고 추운 겨울을 꿋꿋이 이겨낸 좋은 일만 생기는 길상화인 '인동초'가 우리 것임을 자랑한다.

열매는 부인들의 머릿기름을 짰다던 '동백나무'와 '쪽동백'이 있다. 나뭇잎에서 비린내를 제거하는 잎을 먹으면 소태 같이 쓰다고 '소태나무'며, 마른 가지와 잎을 태우면 꽝꽝 소리를 내어 '꽝꽝나무'다. 나뭇잎을 태우면 노란 재가 남고 염색제로 쓰던 '노린재나무'가 있고, 소금이 귀하던 시절 열매에 짭짤한 맛이 도는 흰 가루가 있었다. 이 가루를 긁어모아 소금 대신 썼다 하여 염나무, 또 가을철엔 잎이 붉어 늘 수줍다고 '붉나무'다. 잎을 따서 물에 넣으면 푸른 물이 나온다고 '물푸레나무'며, 잎과 꽃이 삼복더위에 누린내를 풍기다 해서 '누리장나무'요, 연초록 잎이 박쥐 날개 모양인 '박쥐나무'가 있고, 한 잎 따서 씹어보면 얼마나 쓴지 모기도 도망했다는 '산초나무'가 있다. 금부채를 갖고 싶으면 가을에 만나요 하던 '은행나무'며, 양 잎이 꼭 붙어 늦잠 자는 부부로 금실 좋은 '자귀나무'라. 잎에 상처가 나면 우윳빛 진액이 솟고 가지에는 가시가 있다고 '구지뽕나무'가 있다.

버섯중독증에 특효란 '돌배나무'요, 천년 묶은 지네로부터 마을을 구해 준 '말채나무'며, 드릅나무를 닮은 풍채 좋은 '비술나무'! 학자들의 공부방을 밝혀준 등잔기름 '쉬나무'도 있다. 쇠코두레와 윷 만들기에 좋은 '윤노리나무'가 순수한 우리 나무다.

숲 속 산새 소리. 낙엽 밟는 소리가 있고 숲을 가로지르는 바람 소리가 들린다. 그런가 하면 서릿발을 밟을 때 사각거리는 소리도 들린다. 이때를 놓칠세라 나뭇가지를 꺾으면 댕강댕강 소리를 내며 부러진다고 '댕강나무', 나뭇가지가 층층 거려서 '층층나무', 어쩐지 줄기에 혹이 나 있어 '혹느릅나무', 나무를 자르면 붉은 즙이 줄줄 나와 피와 같다고 '피나무', 줄기의 껍질이 더덕더덕 떨어져 마치 버즘 핀 모양이라 '버즘나무', 껍질을 벗기면 노란색의 물이 나온다고 '황칠나무'가 있다.

그런가 하면 옛 호랑이도 무서워 도망갔다던 곶감 만드는 '고욤나무'와 '감나무'며, 제사상에 꼭 필요한 '밤나무'와 '대추나무'요. 도깨비를 놀랜 열매! 여인의 요염한 눈빛을 닮은 열매인 '개암

나무'가 있다. 배고픈 시절 나무 속에 신기한 국수가 들어 있다고 '국수나무', 내 밥은 없고 까치만 먹은 '까치밥나무', 오디 열매를 따 먹으면 방구가 뿡뿡 나온다고 '뽕나무', 열매의 모양이 국악기인 장구와 같다고 '장구밥나무', 망했구나 '작살나무'! 정겹다 '정금나무'! 신세대 아가씨가 바라는 하얗고 늘씬한 '사람주나무'! 반대로 흔한 '산딸기나무'가 있다. 또 열매가 꼭 쥐똥 같다고 '쥐똥나무'요, 순수한 우리말 풍속적인 '말오즘때나무'가 있다. 선조 임금님 수라상에 올랐다는 '상수리나무'가 역사를 되새긴다.

여름철 무서운 벼락이 피해 가는 '노신나무', 화살처럼 생겼다고 '화살나무', 사슴뿔과 같다고 '노각나무', 살아 천 년 죽어 천 년으로 겉이나 속이나 모두가 붉다고 '주목', 죄도 없이 사시사철 떨기만 하는 '사시나무', 내 몸에 손대면 옻올라 가려워요 하는 '옻나무'와 '개옻나무'도 있다.

예로부터 뼈를 튼튼하게 하고 신경통, 위장병에 효험이 있다던 '음나무'요, '고로쇠나무'와 '거제수' 그리고 '물박달나무'와 '자작나무'의 수액은 지금도 찾고 있다.

잊어지고 사라지고 감추고 가릴수록 더욱 드러나는 내장산의 우리 나무를 본다. 보아줄 사람이 없는 허름한 곳에 핀 꽃나무들은 저마다 홀로 피었다. 무리지어 피든 홀로 피든 서로의 눈치 볼 필요가 없고 또 의식할 이유도 없다 그래서 자유롭고 독특하다는 것을 느낀다.

그러기에 풍요롭고 넉넉한 마음으로 조상의 얼과 영혼, 그리고 숨결을 간직하고 있다.

06 농도전북의 당산나무들

전북은 농업을 주로 생활하는 도였다. 그러기에 자연의 신에 대한 숭상으로 당산제가 유명했다. 김제 봉남의 느티나무(수령 500년, 제280호)와 봉남 왕버들나무(수령 450년, 제296호) 매년 3월 3일에 제사지내고, 남원 느티나무(제281호)는 조선 세조 때 우공은 단종을 제거하니 세조가 그 공을 인정하여 병조참판에 올라 있을 때 남대문 산사의 느티나무를 뽑아 이곳에 심었다는 전설로 매년 한식 때 제사를 지낸다. 그리고 진안 부귀 느티나무(수령 500년, 제283호) 또 무주 설천 삼공리의 반송(제291호)은 부채꼴의 아름다운 노송이며, 무주 심곡의 음나무(수령 500년, 제306호)는 임진왜란 때 피난처로 왔다가 심었다. 나무에 가시가 붙고 나무 질이 좋아 가야금, 거문고를 만들며 껍질은 한약재로 쓴다. 이 마을의 재앙을 수호하기에 지금도 동제를 지낸다. 묵직한 새끼줄에 하얀 한지와 오색 천으로 휘감고 천상의 세계에서 인간의 지상으로 잇는 마을 굿을 하는 당산제가 정월이면 이루어졌다.

나무는 가지가 사방으로 퍼지는 성질로 한군데 모아 심으면 가지를 뻗지 못해 죽는다며 여름철 뜨거운 태양열을 가리고 그늘을 만들어 주는 당산나무, 크고 작은 전설이 깃든 마을의 지킴이 '느티나무'가 수백 년의 장수를 자랑하고 고무총의 실탄이 된 '팽나무' 열매는 지금도 많이 열리며 성황당을 지키고 있겠지! 그런가 하면 불교와 함께 우리나라에 들어온 귀화식물로 유독성분이 있는 '은행나무'는 '팽나무'와 '느티나무'가 3대 당산나무로 도깨비와 관련된 이야깃거리가 많았다.

옛날 어떤 어부가 도깨비에게 고기를 많이 잡게 해 주면 떡 한 시루를 쪄 주겠다고 약속했다. 그래서 도깨비는 고기를 많이 몰아다 주었는데 어부는 약속을 지키지 않았다 화가 난 도깨비는 사흘째부터는 송장뼈다귀, 개뼈다귀만 그물에 가득 걸리게 했다. 그것도 모자라 "이놈아 입으로 거짓부리를 했으니 입이나 비뚤어져라." 하여 입이 비뚤어졌다고 한다.

"혹 떼러 갔다가 혹 붙이고 왔다." "금 방망이 은 방망이."는 자기의 이익을 위해 남의 흉내를 내거나 시기하는 사람을 철저히 응징하는 도덕성을 가지고 있는 민담에서 도깨비 혹은 귀신을 혼용 사용했던 것 같다.

할머니가 육각형의 노리개를 깎아 채워주던 '음나무'는 귀신을 쫓는 도깨비 방망이였고 귀신이 딱! 딱! 소리에 놀라 도망한다 하여 '딱총나무', 집 주위에 '탱자나무', '산사나무'는 귀신이 못 넘어 온다던 생 울타리였다.

그런가 하면 향기로운 나무로 귀신을 쫓아낸다고 심었던 '녹나무'며 마을 무당이 귀신을 쫓는 데 영험하다고 큰소리치던 동쪽에 뻗은 '복숭아나무' 가지, 또 열매의 힘이 얼마나 강했던지 잡귀를 쫓았다던 '무환자나무', 그리고 산소에 심거나 관속에 넣어 잡귀를 쫓는 '붓순나무', 그런가 하면 장례식에서 신을 부를 때 흔드는 '비쭈기나무'! 지금은 다 어디로 갔는지 추억과 낭만이 깃들어 있는 나무들이다.

흔히 사람이 얼토당토않은 일을 당했을 때 '도깨비장난' 또는 '도깨비 조화', '귀신도 곡 하겠네.'라는 말을 한다. 이는 도깨비는 장난기가 많아 인간이 상상할 수 없는 일을 저지르기 때문이다.

중국의 이매, 망량, 독각자와 일본의 오니, 텐구, 갓파들은 머리에 뿔이 돋았고 험상궂은 얼굴에 송곳니가 밖으로 길게 나온 모습에 쇠몽둥이를 들고 있어 우리나라의 도깨비와 비슷한 점이 많다.

지금 생각해 보면 도깨비는 가난하고 어려운 사람을 돕고 욕심쟁이와 악인을 골려주며 노래와 춤도 잘 추는 풍류쟁이로서 인간을 초월한 초능력자라 하겠다. 한편 도깨비는 한국의 여성들이 이상으로 삼는 남성상이라 말할 수도 있다.

전북도의 당산나무들은 신령이 깃든 나무요, 역사와 전통을 상징하는 나무로, 또 신화와 전설을 간직한 나무다. 오래오래 우리 도를 지켜주길 바란다.

07 대아리 수목원의 야생화

"우리 것 야생화를 알자!"는 구호 아래 대아리수목원 야생화단지를 찾았다.

고려의 문호 이규보는 "아름다운 꽃을 보게 되면 너무 좋아 정신이 몽롱해지네."라며 야생화에 매혹이 되었는데 굴러온 돌이 박힌 돌을 뺀다더니 길가 코스모스가 우리 것인양 친근감이 가고 북미산의 망초가 일본 사람들의 손으로 들어와 온 산야를 뒤덮어 생태계에 찬바람을 일으킨 지 오래다.

흔히 야생화 하면 이름 없는 들꽃이라 추물스럽다는 말을 쓴다. 그러나 우리 주변에 무명초란 없다. 제철이면 저마다 나름대로의 자태를 마음껏 뽐내는 꽃들이다. 보아줄 사람 없는 곳에서 저마다 스스로 독창적인 꽃이기 위해 피는 꽃일수록 정말 꽃다운 참꽃이다. 꽃은 피어서 씨앗을 맺는다. 씨앗을 위한 자기 노력은 경의 서럽다. 때론 황홀할 만큼 아름답다.

야생화는 자기완성을 위한 한 가지 표현이기에 매혹적인 색깔에서 그렇고 향기에서 더 그렇다. 멋과 운치를 간직하고 갖가지 사연이 깃든 알알이 보석처럼 귀한 야생화를 알아본다.

광대나물, 말똥비름, 접시꽃, 함박꽃, 며느리밑씻개들이 가지마다 눈을 맞추어 얼마나 정감이 가는 이름들인가! 까치가 잘 먹어 까치밥, 가을철 바짓가랑이에 착착 달라붙어 도둑놈갈고리, 황금빛깔의 작은 꽃송이가 모여서 소담스러움을 더하는 풍년화는 식량이 부족한 시절 풍요를 갈구하던 서민들의 염원이었다. 끝이 뾰족한 선형의 자주색 꽃잎이 엉킨 듯 엉키지 않은 엉겅퀴는 혼탁한 사회에 경종을 울리는 우리의 야생화다.

고드름 창칼 세우는 겨울바람 흰 눈 속에 어린잎이 노루귀를 닮아서 노루귀, 잎에서 노루오줌 냄새가 난다고 노루오줌풀, 또 잎에서 상처가 나면 아기 똥처럼 노란 액이 나와 아기똥풀이다. 남쪽 계곡에만 사는 청정의 식물로 낙엽관목에 해발 700m 이상인 곳에 꼭두선이 과로 중의 대머리를 닮아 중대가리였고, 고고한 심심산천에서 도를 닦는 스님의 머리를 닮아 열매가 승두목이라 했다.

엉거시과의 여러해살이인 솜나물, 옛날의 전투모를 걸어 놓은 듯한 투구꽃, 조선 시대 천인들이 즐겨 쓰고 다니던 모자와 비슷한 패랭이꽃이다.

그 옛날 보릿고개 때 배고픔의 설움을 절규하여 뻐꾸기가 찾아오면 만개한 뻐꾹채, 겨울이 가고 따뜻한 4월이 오면 북쪽 오랑캐들의 노략질이 어김없이 시작한다는 신호적인 오랑캐꽃은 차라리 억울한 슬픔을 토해내는 애달픈 민초들의 소리였다. 그래서 다소

곳한 꽃의 자태와 이름이 어울리지 않는 반대로 남쪽에서 찾아오는 제비를 본따 제비꽃이라고 개명했으니 전통을 잃은 심정에 답답할 뿐이다,

그리고 소가 잘 먹어서 쇠뜨기, 어린아이의 포동포동한 손가락처럼 피어나는 고사리, 가물면 잎이 주먹처럼 오므라드는 바위손, 허리가 굽은 할미꽃, 가시 많은 가시덩굴, 반들반들 기름나물, 구부정한 활나물, 돌돌 말려 고비나물, 다른 나무에 붙어서 근근이 살아가는 겨우살이, 파의 머리처럼 생겼다고 파대가리라고 한다. 또 특이한 이름으로 이름만 들어도 그 모양을 상상할 수가 있는 갈퀴덩굴, 우산나물도 있다.

이름만 들어도 귀부터 입안에 쓴맛이 감도는 씀바귀, 작은 항아리 모양의 꽃잎을 따서 쪽 빨면 단물이 나오는 꿀풀, 꽃송이가 대롱대롱 은방울, 돌 틈에서 단풍잎을 뾰족이 내미는 돌단풍, 잎을 따서 문지르면서 동물처럼 꿈틀거리는 신경초, 마디풀과의 여러해살이로 줄기와 잎에 잔가시가 많은 며느리밑씻개는 가난하게 살던 때의 고된 시집살이를 엿보는 것 같아 연민의 정이 간다.

요사이엔 시어머니 입술에 묻은 밥풀이고 옛날엔 꽃 같은 며느리 입술에 묻었던 밥풀로 며느리밥풀은 얼마나 운치와 해학적인가. 광대수염, 기생초, 뚱딴지는 이름 자체에 해학이 넘쳐나서 절로 웃음이 나온다.

발그레한 개의 불알을 닮아 개불알꽃에서는 서민들의 체취가 풍겨 오지만 어감이 좋지 않아 복주머니꽃으로 고쳐 불러 너갱이 빠져 조금은 서글프며 싱거운 느낌이 든다.

지금은 사라졌지만, 그 옛날엔 담장 밑이나 장독대에 봉숭아나 맨드라미 같은 붉은 꽃을 심어 악귀를 쫓더니 부모들은 자식을 위한 근심, 걱정을 없애준다는 전설을 믿고 메마른 손 닳도록 빌고 비는 마음에 망우초(원추리)가 있었다. 요즘은 나팔꽃과 지의류는 공기오염 감시식물로 떠올라 사랑을 받는다.

진흙탕 썩은 물속에서 싱그럽게 자라는 미나리는 생활하수나 폐수를 걸러내는 수질오염 정화식물로 등장하는가 하면 무관심했던 닭의장풀과로 닭의밑씻개라고 부르던 달개비가 진가를 발휘하며 새롭게 개발되었다.

맑은 햇살, 소소한 바람, 그리고 달빛과 별, 구름과 이슬, 천둥과 비가 있어 혼자서 피는 야생화에 초점을 둔 듯 어울리는 모습은 참으로 눈부시게 황홀하다. 외국 꽃 무조건 아름답기만 하고 지혜의 씨방 없는 꽃은 기녀의 슬픔 같은 것을 모르고 있다.

조상 대대로 우리 민족과 함께 숨결을 같이해온 토종 우리 것 야생화! 우리 꽃을 늘 가까이에 두고 싶어 했다. 민족의 자존심으로 잘 가꿔서 후손에게 전하며 "아, 대한민국!" 크게 불러주고 싶다.

08 전주천의 가을 으악새

노령산맥의 남동쪽 분수계인 임실 관촌 슬치(230m)에서 발원한 물은 마치 물과 합류해 전주 시내를 관통하면서 북동쪽을 향해 흐르는 중에 서신동에서 삼천을 만나 합류하여 추천을 이룬다.

나는 역류로 서쪽에서 하천부지에 설치한 인도를 따라 올라간다. 이곳은 외국에서 귀화한 억센 식물이건 토박이 식물이건 자유 그대로의 삶이 전개된다. 그 많은 식물 중에 유독 눈길이 억새에 친근감 든다.

억새로 둘러싸인 진초록 풀 내음 속에 피톤치드, 음이온, 테르펜으로 가득 찬 생체 리듬과 저녁놀에 햇살이 쏟아지니 정결한 아름다움, 단아한 아름다움, 색체조화의 아름다움까지 뒤섞여 호화찬란한 화폭의 주인공이 된 것처럼 취해 짝사랑의 콧노래가 절로 나왔다.

1. 아~ 으악새① 슬피 우니 가을인가요
지나친 그 세월이 나를 울립니다
여울②에 아롱 젖은 이지러진 조각달
강물도 출렁출렁③ 목이 에입니다.

2. 아~ 뜸북새④ 슬피 우니 가을인가요
잃어진 그 사랑이 나를 울립니다.
들녘에 떨고 있는 임자 없는 들국화
바람도 살랑살랑 맴을 돕니다.

3. 아~ 단풍이 휘날리니 가을인가요
무너진 젊은 날이 나를 울립니다.
궁창⑤을 헤매는 서리 맞은 짝사랑
안개도 후유 후유 한숨 집니다.

⑤ 궁창 : 높고 맑게 갠 푸른 하늘

억새풀 속에서 부른 노래는 어딘지 모르게 격에 맞지 않는다는 것을 슬며시 알았다.

1930년경 일제강점기의 혹독한 때다. 김능인의 노랫말에 손목인의 곡을 붙여 고복수가 부른 「짝사랑」의 노래에 바로 의문점이 생긴다.

더 자세히 구분하면 노랫말의 첫 구절에 나오는 으악새를 풀로 보는 이가 많았다. 그럼 벼목, 벼과, 억새를 살펴보면 잎은 어긋나기로 끝으로 갈수록 뾰족한 톱날이 날카로워 손을 벤다. 그래서 "내 몸에 절대로 손대지 말라."고 말했다. 특징은 가운데가 희고 굵으며 뚜렷한 흰 맥이다. 이는 산이나 들에 외떡잎으로 자생하며 소가 아주 잘 먹던 꼴로 낫으로 베다 손을 베였던 생각이 난다.

여러해살이로 굵은 뿌리줄기가 옆으로 퍼지며 불에 태워도 이듬해 다시 살아나며 건조한 언덕배기나 얕은 산등성이에 끈질긴 생명력으로 튼실하게 번식해 억새밭을 이루는데 제주도의 억새밭을 비롯해 천관산과 명성산, 그리고 민둥산의 억새밭이 유명하다.

9월에 꽃을 피우고 줄기 끝에 부채꼴 또는 총채 같은 꽃이 달린다. 그럼 이때부터 찾아 이삭 길이가 20~30cm나 되며 까끄라기(수염)가 있는 씨앗이 다발로 달릴 때는 절정에 이른다. 또 한의에서는 억새의 뿌리를 이뇨제로 사용하니 위급한 등산객은 이용해 봄직도 하다.

흔히 갈대와 혼동한다. 갈대는 이삭이 연한 갈색이면서 산발한 머리카락처럼 이삭들이 뭉쳐 있고 벼처럼 고개를 푹 숙이고 물기가 있는 습지를 좋아한다. 억새의 이삭은 흰색에 가까우면서 한 올, 한 올 분리되며 습기를 싫어해 토박한 곳에서 이지러진 조각달, 살랑살랑 맴도는 바람, 서리 맞은 짝사랑으로 백발같이 쓸쓸한 정서의 느낌을 주니 가을을 대표해 시어詩語로 으악새라 표현했을까?

과연 근원을 찾아서 으악새는 풀[草]인가? 새[鳥]인가?

아 ~ □□ □ 슬피 우니 가을 인가요

『우리 말 큰 사전』을 찾아 보았다.

첫째. 1) 으악새① → ① 억새의 방언

2) 으악새① → ② 왜가리 표기되었다.

황새목. 백로과. 왜가리, 붉은 왜가리 2종이다. '와왁, 와왁' 운다고 해서 '와왁새', '왁새'라고도 한다.

둘째, 이 '와왁새' → '으악새①'로 음절의 변한 것이 아니냐?

셋째, 가사의 1절엔 아~ '으악새①', 2절엔 아~ '뜸북새④', 3절엔 아~ '단풍이다.' 가사의 1절 처음에 아~ 으악새①, 2절의 처음에 아 ~ 뜸북새④이기에 으악새① 새[鳥]라 하고 싶은 점이다.

넷째, 1절 3줄 가사에 여울② 억새는 여울 같은 습지를 싫어했고, 또 4줄에 강물도 출렁출렁③ 억새는 강물과는 전혀 관련이 없는 식물이다. 여울, 강물에서 물고기를 잡아먹기는 으악새①는 왜가리였다.(권오길, 『무서운 참억새』 참고)

다섯째, 3절 3줄 '궁창⑤을 헤매는 서리 맞은 짝사랑'에 분명히 하늘 날아가는 왜가리 한 마리로 표현했을 것이다. 4줄 '안개도 후유 후유 한숨 집니다'가 더욱 강조된 점이다.

이 점에서도 억새풀과 관련되는가? 가을 하늘의 드높고 찬 서릿발 맞은 짝 잃은 왜가리의 구슬픈 모습을 그렸던 것이 아니던가?

왜가리는 봄철에 우리나라에 와 살다가 늦가을에 따뜻한 남쪽나라로 떠날 준비를 하고 있는 새 중에 해오라기, 백로, 깝작도요, 물총새, 노랑할미새, 개개비, 꾀꼬리를 비롯해 왜가리가 있다.

밝은 달빛 아래 외롭게 '와왁', '와왁' 굵고 쉰 듯한 울음소리로 울부짖으며 떠나는 왜가리의 신세는 분명 처량하고 애간장을 찢었으리?

아~ □□□ 슬피 우니 가을인가요

'왜가리'를 쓰면 노랫말이 잘 어울리지 않았다. 고민 끝에 자신의 처량한 모습에 비유하니 늦가을 '떠남', '헤어짐'과 '이별', '작별' 그렇기에 외롭게 사랑한 「짝사랑」이란 제목이 나왔고 왜가리의 방언 으악새란 시상이 떠올랐다고 생각하니 억새 풀[草]이 아니고 '왜가리' 새[鳥]라고 볼 수도 있다는 점을 강조한다.

제 7 장 | 토향의 희망

01 경기 전엔 경기매慶基梅

2009년, 조선 왕릉이 그 문화적 우수성을 인정받아 세계유산으로 등재되었다는 쾌거를 들으니 머리에 떠오르는 것이 있다. 태조는 "사초를 벌초하지 말라."는 유언에 따라 한 번도 벌초한 사실이 없을까? 의문을 가지면서 경기전을 찾았다.

오늘따라 우리 민족의 얼이 깃든 하마비에게 방긋 웃는 눈인사를 하고 경기전 안으로 들어서니 태종 10년(1410) 당시 어용전御容殿으로, 경주는 집경전, 평양은 영숭전으로 했다가 경기전慶基殿(세종 24년, 1442)이라 고치게 되었던 사실을 알게 되었다.

새봄을 시기나 하듯 쌀쌀한 날씨였다. 한恨으로 심었던 매화나무가 화려했던 시절을 상기하며 일제의 핍박을 머금고 해방의 자유를 보았고 이제 풀뿌리 정치 맛도 본 지 어언 100년에 홀로 서서 꽃을 피웠다.

과연 강희안姜希顔의 『양화고자』의 화목 9등품에서 매화를 1품으로 분류하였음을 가히 짐작이 가고도 남았다. 만물이 추위에 떨고 있을 때 꽃을 피워 봄을 가장 먼저 알려줌으로써 불의에 굴하지 않는 선비정신의 표상으로 삼았고 늙은 몸에서 정력이 되살아나는 회춘의 소재로도 등장한다고 했다.

경기전에 상주했던 마지막 상녀 이문용의 증언에 따르면 "경기전 일부가 헐리어 그 터에 일본 소학교가 건립되고 매화나무를 수차례 고사 시키려고 했다. 당시 상주자들이 몰래 그것을 풀어주고 또 풀어 살렸다."는 이야기를 상기하면서 안타까운 마음으로 자세히 들여다보니 등걸에 상처 난 자리마다 불거진 뼈가 보이며 이빨 빠진 늙은 나무다! 가지에는 다닥다닥 꽃이 피었다. 꽃술 끝에 매어달린 잘디 잔 물방울인지 이슬방울인지 서 있는 내 얼굴이 영롱하게 보인다.

등이 절묘하게 꺾이듯 세 번이나 굽어 의아할 만큼 희한한 모습. 등걸이 반쯤 비어 치료받고 누워 있는 모습은 곧게 선 직선미보다 곡선미를 은은히 풍겨 '노매老梅'라 하니 그보다 '고매古梅'라 부르는 이가 많단다.

그럼 고매를 분류하니 최고의 매화로 '고매高梅' 아픈 역사의 '고매苦梅' 연고가 있다. '고매故梅' 나무이기에 '고매枯梅', 홀로 서 있다 해서 '고매孤梅'라 한다.

가지마다 만발하게 피어난 꽃들이 겹꽃과 홑꽃으로 총총히 달리는 고귀하고 청아한 꽃으로 눈길을 끌었다. 이는 해마다 이른 봄이면 고고하게 꽃을 피워 주변을 은은한 향기로 채운다. 그뿐만이 아니라 오가는 관광객의 마음을 붙잡아 그 앞에 멈추게 하는 위력을 발휘한다.

신기하고 단아한 맵시에 사람마다 느끼는 감정이 다르겠지만, 난 이 매화나무를 볼 때마다 경기전의 특성과 매화나무의 굽혀진 인상으로 감상하고 있으니 때 아닌 눈이 펑펑 내렸다. 매화 꽃잎 위에 눈이 사뿐히 앉았다. 설중매화가 틀림없었다. 설중매화 하니 정도전의 매화 시가 떠오른다.

천지간에 음기가 꽉 차 있어
어느 곳에서 봄빛을 찾는담.
기특하기도 해라
저토록 수척한 것이
얼음, 서리, 물리쳐내네.

과연 설중매화의 시감이 풍긴다. 매화 사랑을 상징하는 백 가지 꽃 중에서 으뜸임을 아는 자다. 모란이 부귀를, 연꽃이 군자를, 난초가 은군자와 귀녀를, 국화가 은일자를, 해당화가 신선인데 비해 백미고사白眉故事의 매화가 일품이다. 매화나무는 중국이 원산지며 장미과로 높이 5m 자라며 매실나무라고도 한다.

보통 매화나무 가지에 꽃눈이 있으면 잎은 반들반들하고 잎눈이 있는 잎은 거칠어 구분이 된다. 꽃은 3월에 잎보다 먼저 연한 홍색으로 잎겨드랑이에 1~2개가 피는데 향기가 짙다. 꽃자루는 거의 없고 꽃받침은 둥글며 꽃잎은 달걀 모양이고 모두 털이 없다. 수술은 많으며 꽃잎보다 비교적 짧다. 6월에 익는 매실은 음식물의 독, 핏속의 독, 물의 독을 제거하는 데 탁월한 효능을 가졌다. 그래서 한방에서 오매烏梅라 처방 한다.

우리나라 곳곳에 잘 자라지만, 그중에 유명한 곳은 먼저 12월 동지 때 핀다는 동지매冬至梅(천연기념물 제105호)다. 조선 효종(1637)때 명나라에서 세자가 가져와 부여 백강 주변에 심었던 동지매가 가장 으뜸이다.

지리산 산기슭 단속사지에 550년 된 인재 강희안(1419~1464)이 심었다는 정당매政堂梅도 있다. 그리고 서울 창덕궁의 만천홍매萬疊紅梅는 선조 때 것이며 선정전의 와룡매臥龍梅가 홍매와 백매가 현재의 서울 송파구 매화나무길(1-4길)을 탄생하게 했다.

다음에 고송 팔매八梅(혹은 우산매)는 송매원을 짓고 안방준(1573~1654)이 심었다. 안동의 도산매島山梅는 퇴계 이황(1501~1578) 초막을 짓고 매화를 처로 학을 자식으로 삼아 매화 단일로 백여 시詩가 남았다. 그리고 죽림정사에 고매古梅와 하회마을의 서애매西涯梅로 600년간 고택을 지키고 있었다.

그 다음엔 관악산 선바위의 장군매將軍梅 또 우리나라 삼대 사찰인 송광사의 송광매松廣梅, 영취산 통도사의 자장매慈藏梅, 지리산 산청 도천서원의 노산매蘆山梅, 조계산 선암사의 선암매仙岩梅 등이 특성의 매화로 유명하다.

이들은 그곳의 특성과 심은 이의 호와 지역의 명을 붙여서 불렀다.

매화의 은은한 향에 더 가까이 다가섰다. 경기전의 매화이니 등이 절묘하게 꺾이듯 세 번이나 굽어 의아할 만큼 희한한 모습! 이는 왕실의 한으로 심었고 우리 민족의 혼魂으로 가꾼 나무다. 그러기에 조선 전통문화를 단편적 역사 지식으로만 이해하지 말고 새로운 맥락에서 생생히 살아 있는 의미로 경기전을 찾고 또 세계유산으로 등재된 쾌거의 기념으로 '경기매慶基梅'라 불러도 손색이 조금도 없다고 본다.

02 매화 속에 독립운동을

3월 초 아직 눈서리가 남아 있는 지리산 골짝 끝자락을 찾았다. 매천사 오르는 길가에 하마비처럼 한 그루의 매화나무가 서 있다. 숨을 몰아쉬며 울안으로 들어서니 입구에 매화 한 그루가 하얀 꽃을 피우며 반긴다. 더 안으로 들어섰다. 사당 안쪽에 100년 묶은 백매가 활짝 웃으며 황현 선생이 가장 좋아했던 '매천매'라 한다.

> 붉은빛 동백꽃, 노란빛 산수유
> 하얀빛 매화꽃, 여기에 좀 늦은 홍매의 분홍 입술이
> 때 모르는 눈발이 날리니 3차원, 4차원의 빛! 신의 조화에
> 가지가지마다 산새가 모여 지저귀니 내 맘 오늘따라 무겁다.

매천사는 조선 후기 황현黃玹 독립열사를 기리며 모시기 위해 그의 후손과 지방 유림들이 건립(1955년)하였다. 그가 생전에 살았

던 집터인데 사랑채가 현재까지 남아 있다. 구례군 광의면 수월리로 행정구역이다.

매천사는 정면 3칸, 측면 1칸으로 맞배지붕으로 전라남도문화재자료 제37호(1984년 2월 29일)로 지정되었다.

황현 선생은 전북 장수가 본이며, 호는 매천이다. 황희 정승의 후손이며, 부친인 시묵과 모친 풍천 노씨 사이에서 전남 광양군 봉강면 석현리에서(1855년 12월 11일 酉時) 태어났다.

특히 시문에 능하여 고종 22년(1885) 과거에 장원하였으나, 시국의 혼란함과 관리들의 부정부패를 개탄하였다. 그리하여 관직에 나가기를 단념하고 산골에 초가 3칸을 짓고 구안실苟安室이라 칭하고 후세 양성에 힘썼다.

을사늑약(1905년)이 체결되자 중국으로 망명하였으나, 뜻을 이루지 못하고 다시 돌아왔다. 그래서 황현, 이건창, 김택영을 '한말 삼재'라 불렀다.

매천은 52세 때 최익현이 대마도에서 죽은 소식에 애시哀詩 8수를 지었다. 또 56세(1919년 음력 7월 18일) 때는 일본이 나라를 빼앗고 국왕의 권한을 박탈당하였다는 소식을 구례에서 듣고 마지막 밤(8월 6일) 이웃 노인들과 술을 나누고 모두 간 뒤에 닭이 두 번 울 때 다량의 아편을 마시고 절명시絕命詩 4수와 유서를 썼다. 그리고 이튿날 운명하였다. 매천의 시는 자세히 말해서 한시로 총 434편 839수가 남아 있다.

매천은 "선비를 양성한 지 500년에 나라가 망하는 날에 당하여 한 사람도 책임을 지고 죽는 사람이 없다면 어찌 가슴 아프지 않겠는가?" 우렁찬 목소리가 금시 들리는 것만 같다.

그럼 그 유명한 절명시를 조용히 암송하면서 시상을 음미해 본다.

鳥獸哀鳴海岳嚬 새 짐승도 슬피 울고 강산도 찡그리니
槿花世界已沈淪 무궁화 온 세상이 이젠 망해 버렸어라
秋燈掩卷懷千古 가을 등불 아래 책 덮고 지난날 생각하니
難作人間識字人 인간 세상에 글 아는 사람 노릇 어렵기도 하구나

칠언절구 4단으로 이루어졌는데 제1단은 작가가 이미 순명에 대한 결심을 하였다. 제2단에서는 망국에 대한 슬픔을 나타냈고, 제3단은 지식인으로서의 자의식과 판단을 드러냈다. 제4단은 나라를 지키지 못하고 죽는 것에 대한 한탄을 표현하였다.

일본 국화 벚꽃은 2~3일 반짝 피었다가 지는 것을 표상하여 내국일체로 단결을 비유했으나 백 년도 못 갔다. 매화나무는 500년을 한결같이 꽃을 피우는 것은 한파를 이기는 기질이 있다는 것을 생각하니 일제강점기 항일 민족시 고우선화古友禪話가 떠오른다.

어여쁜 온갖 꽃을 다 보았고
안개 속 꽃다운 풀 두루 누웠네.
그러나 매화만은 못 만났는데
눈바람 이러하니 어쩜 좋으랴

최인의 호가 고우다. 만해가 최인을 만난 것은 1919년 정월에 독립운동에 가담을 권했다. 그 후, 만해와 똑같이 3년형을 받아 옥중에서 최인에게 준 시다. 시감을 말하면, 이 땅의 온갖 꽃들은 다 만나 보았지만, 찬바람 속에서 피어나는 매화는 아직 못 만났는데 눈바람 섞어 치는 이 땅을 어찌할 것이냐는 안타까움이다. 이 땅의 꽃입네 하고 나서는 사람은 많지만, 진정 나라의 이 어려움을 감내할 만한 사람은 없다는 한탄 시다.

한용운은 시에서 일제 총칼의 억압을 감내하면서 구현하는 인간정신의 극치를 매화로 비유해 표현했다.

다음은 이육사李陸史(李活, 李源三)의 독립전투의 행적으로 보아 그의 신앙고백과도 같은 「광야 曠野」를 보면

(전략)
지금 눈 나리고
매화향기 홀로 아득하니
내 여기 가난한 노래의 씨를 뿌려라.

다시 千古의 뒤에
백마 타고 오는 초인이 있어
이 광야에서 목놓아 부르게 하리라.

총과 칼로 살벌한 일제하다. 광야에서 비록 가난할지라도 희망의 씨를 뿌려서 해방 후 백마 타고 오는 초인으로 하여금 목놓아

부르게 하겠다는 민족적 의지와 신념이 있다. 결코 굴하지 않는 의지로서 미래지향적 의지가 숨어 있다.

그러기에 갖은 고초를 겨울철에 비유해 일제암흑기로 새봄의 희망을 앞날의 해방을 표상했다. 그 고초 속에 핀 매화를 한민족의 슬기로 보았으니 매천사의 의의와 정신을 깨달았다. 독립운동가의 가족들의 행복한 삶과 일제강점기 항일 민족 운동가들의 정신을 높이 기리고 싶다.

03 자연휴양림에서 환호성을!

쪽동백나무의 넌출거리는 잎사귀 소리가 시원하다.

휴양림 주차장을 벗어나 북두칠성 전설이 담긴 칠성대를 향해 올랐다. 오솔길 옆 키 작은 까치수영이 온 삭신을 땅바닥에 붙이고 앓고 있는 모양을 보니 금년 여름가뭄이 무척이나 심한가 보다. 장마철이라며 비소리를 귀가 따갑게 들었지만, 실상 비는 간지럽게 내렸다.

오늘도 80% 확률에 한때 비란다. 그러나 맞지 않은 예보라고 빈정대며 조선조 성리학자 송익(1534~1599) 선생이 은거했던 오성대를 찾았으나 아무런 흔적이 없다. 허탈함에 하늘을 바라보니 감질만 내고 달아나는 산바람 소리가 처량하다. 하늘엔 애써 햇살 가리는 먹구름이 왠지 측은하고 애잔했다.

바로 그때, 쏴악 산바람이 휘몰아치는 소리가 심상치 않다. 뒤따라오던 산새 지빠귀의 지저귐이 갑자기 사라졌다. 일행이 의아해서 찾아보니 개서어나무에 몸을 옴츠려 숨기고 있다. 걷다 보니 국부마취와 살균, 살충 효과를 내는 산초나무 이파리에 달라붙은 호랑나비의 신음소리가 났다. 그게 소나기의 예고인 것을.

거의 수직으로 후득후득 꽂히는 빗방울이 등산모 창을 피해 얼굴을 때렸다. 선크림을 바른 피부에 아롱지다 흩어지고 다시 아롱지면서 줄줄 흐르더니 가슴과 등허리에 스며들었다. 해발 1,126m의 운장산 소나기의 위력은 몸이 흔들거릴 정도였다. 일행은 하산을 주장했지만, 나는 삼복우三伏雨를 맞아야만 한다고 일렀다. 이 비는 모든 생물의 생기를 돕고 창독을 씻는 비다, 소나기는 결국 지나가는 비라고 하며 강행군해 복두봉 1,018m를 또 향했다.

골짝 물은 졸졸 소리를 내며 흘렀다. 무려 7㎞의 기나긴 물꼬리를 이어 정일폭포며 해기소에 굽이치며 쪽빛 물살을 자아낸다. 수목과 바위들은 서로 조화를 이루어 멋진 풍광을 연출한다. 이 물은 비가 아무리 많이 내려도 옥과 같이 맑아 옥류수가 되니 참갈미니, 미유기, 동사리 같은 고유 어종이 서식하는 갈거계곡을 이룬다.

이 절묘한 자연환경을 이용해 국립자연휴양림으로 토막집을 설치해 놓아 일행이 인생의 추억거리를 만들게 되었다.

이 맑은 물은 흘러 용담다목적댐으로 모였다가 충청도와 전라도의 경계가 되는 군산群山 금강 하류로 흘러든다.

운무 속에 높이 솟구친 산봉우리에서 졸졸 흐르는 물소리와 함께 하산을 했다. 콸콸 물소리가 계곡에 모이니 마치 서로를 못마땅해 다투는 소리, 뒤트는 소리 같다. 돌을 들이받고 바윗돌에 부딪는 소리, 폭포에 곤두박질하는 소리, 성나서 포효하는 소리 같다. 그런가 하면 큰물에 밀린 바윗돌과 바윗돌이 서로 부딪는 소리는 산을 울리는 뇌성과도 같다. 그 울림으로 할딱대며 태초의 소리로 읊조리더니 마당바위에 와서는 서로가 뒤엉켜 감기고 밀치며 당기기를 한참 하다가 지친 듯 화해 한 듯, 서로가 안기고 순응하여 흐르니, 그 물소리는 낮은음자리표 소리를 냈다.

억수 같은 소나기 삼 형제가 차례대로 지나가고 호랑이 장가가는 햇살이 무지개를 그리며 떠올랐다. 이제 막 꽃들이 벙그러지기 시작하는 소리! 그 자태는 마치 흰 드레스를 입고 결혼식장에 나오는 신부같이 깨끗하고 청순하다.

부끄러운 듯 앵돌아져 누리장나무 아래 연한 황색으로 핀 꽃송이들. "전통 옷감 염색하는 순수한 우리 꽃, 꼭두서니요." 하는 소리. 소나기 속에 외롭고 슬프게 흔들리는 까치. 박달나무에 달라붙은 가냘픈 매미소리를 들으며 보란 듯이 피어난 자줏빛 고려엉겅퀴꽃[朝鮮薊] 나비가 꿩의다리꽃을 입에 물고 즐기는 소리. 닭의장풀도 파란 보석을 끼고 자랑하듯 흔들거린다.

비에 젖는 옷도 신발도 상관없이 풀숲을 철퍼덕 헤집고 다니다가 "지리오갈피다." 소리에 모두 모였다. 생전 처음 본다고 떠드는 소리. 카메라 셔터 소리. 집채 같은 바위 위에 기어올라 지친 몸 부리고 쉬고 있을 때 발부리에 신기한 풀이 밟혔다. 살펴보니 대사초와 비슷한데 잎이 좀 얇아 이상하였다. 김 선생이 식물도감의 사진과 비교하더니 "지리대사초."라고 알려준다.

바위와 바위 사이엔 부엽토가 쌓여 기름지고 평평한 곳에 자리 잡아 선 이상한 풀을 발견했다. 어쩜 요렇게 신기하게 생겼을까? 자세히 보니 머위 잎 같기도 하고 시크라맨 잎 같기도 하다. 특히 잎 밑에 핀 꽃이 짙은 보랏빛으로 신기했다. 궁금증에 도감을 찾으니 쥐방울덩굴과의 족도리 풀이다. 한방에선 세신細辛으로 발한, 거담, 진통, 진해, 두통, 소화불량에 처방한다.

이렇게 족도리풀 중에 으뜸이요 희귀한 금오족도리풀을 발견한 기쁨은 컸다. 고생이 크면 보람 또한 크다는 교훈을 다시금 깨달았다.

이 기쁨, 가슴속에서 터져 나온 환호성! 길고 긴 여름날, 운장산 자연휴양림의 숲 탐사활동은 노년의 인생에 크나큰 보람이요 활력소였다.

04 천하 제일 표돌천! 세계 제일 새만금!

중국 산동성 제남에 있는 72개의 샘 중에서 가장 깨끗한 샘물의 공원으로 표돌천趵突泉 (Bao tu quan)이 있고 우리나라엔 세계 제일의 33.9㎞ 바다 둑길 새만금이 있다.

중국어로 바오투한 공원은 동서 30m 남북 너비 20m의 연못에 하나도 감사한데 무려 셋씩이나 샘구멍에서 연속 샘물이 빵빵 물보라를 날리면서 끓어오르니 얼마나 창조의 신에게 축복받은 곳인가! 샘물의 주변에는 쉬면서 구경하기 위해 만든 명·청 때의 고건축과 화랑이 조성되어 있다. 관란정과 봉산구적방, 백설루와 만죽원이 있고 여기저기 솟는 샘 하나하나에 각기 이름을 붙여 놓았다. 동전이 물에 뜨고 가라앉는 것을 보고 점을 치기도 하는 수옥천漱玉泉과 마포천이 있는데 그래도 그 중 제일은 표돌천이다.

표돌천은 무려 3,500여 년의 역사를 자랑한다고 하는데 표돌의 뜻은 뛰어오른 듯이 솟아난다는 표현이다. 아무리 무더운 여름날에도 아무리 추운 겨울날에도 수온을 18도로 유지하며 솟아난다고 한다.

물은 매초 1,600ℓ의 샘물이 1~2m 높이로 솟아올라 물보라를 일으키기도 했다. 나는 아프리카 케냐에 이런 샘물이 하나만 있어도 문명이 확 달라질 것을 연상도 해 본다. 이곳은 지리적 조건은 남쪽이 지대가 높아 만년설이 녹아 지하 암반의 석회암 지대에 지하수로 흐르다가 북쪽의 화강암 지대를 만나서 자연적으로 분출하게 된 것이다.

물이 맑아 바닥까지 훤히 들여다보이고 금붕어나 잉어들이 떼지어 다니는 모습도 보인다. 우리나라 약수터처럼 물통을 가져와 물을 받아가는 사람도 많이 눈에 띈다.

공원 주변의 찻집에서 이 물로 차를 끓이면 차 맛이 아주 좋다. 그래서 여유롭게 청의 건륭황제가 극찬했던 이 차맛! 관광객들도 누구나 한 모금씩 맛을 본다.

이곳의 특이한 것은 사詞에 능했던 남송 때 여류시인 이청조(1081~1141?) 기념 당이다. 이청조는 이안거사易安居士라 불리며 여성스런 운치로 규방생활을 소재로 상춘의 정시를 잘도 드러냈고 그 대표로 『수옥집』이 있다. 이청조의 동상 뒤편에 쓰인 시를 읽어본다.

怨王孫 / 李清照

湖上風來波浩渺　호숫가에 바람 불다 파도 아득히 이는데

秋已暮紅稀香少　가을 이미 저물어 붉은 꽃도 향기도 드물구나!

水光山色與人親　물빛이며 산 빛이 내 곁을 스치는데
說不盡無窮好　말로 다할 수 없어라 한없이 좋은 이 풍광을…….

이청도의 시를 읽으니 우리 한국에도 기라성 같은 여류시인과 시혼이 나의 혈맥 속에 면면히 고동치고 있었다.

빨간 꽃잎이 흐드러지게 활짝 핀 장미꽃 같은 황진이! 커다란 꽃잎을 피우기 위해 도도하고 은근히 화려한 모란꽃 같은 홍랑이! 철늦은 눈보라 속에 하얗고 연초록의 자그마한 꽃으로! 청매 향 속의 매창이 떠오른다.

평생 떠돌게 된 일 부끄러이 여겨
홀로 달빛 비친 매화를 사랑했지
사람들은 고요히 살려는 내 뜻을 아지 못하고
나그네들 잘못 손가락질이네.

특히 매창은 조선 중기의 여류시인이다. 본명 향금香今이며 자는 천향天香, 호는 매창梅窓이다. 아전 이탕종李湯從의 딸로서 여러 남자를 상대해서 웃음과 재주를 팔아야 하는 부안扶安 기생이다.

가늘고 약한 선으로 자신의 숙명을 매화로 등장시켜 그대로 읊고 있는 한시漢詩였다. 시어를 자유자재로 구사하는 데서 그의 우수한 시재詩才를 엿볼 수 있는 절작絕作이라 할까? 대표작이라 할까? 유희경과 이별하고 지은 시조 한 수를 읊어 본다.

이화우 흩날릴 제 울며 잡고 이별한 님
추풍낙엽에 저도 날 생각는가
천 리에 외로운 꿈만 오락가락하도다

짐작컨대 매창이 유희경을 가슴에 품고 수절하고 있었거나 이귀의 정인이었기 때문에 피한 듯하다. 기생의 신분이라 서로 마음만 맞으면 되는데…….

『조선해어화사』에서 매창을 시기詩妓와 가기歌妓, 거문고에 능하고 재치있는 모습으로 명기名技 중의 명기로 평했다. 이젠 부안의 낡아진 묘비석이 전하며 1974년 부안 서림공원에 시비詩碑가 세워졌다.

세계 제일의 새만금!

세계 최장의 33.9km 바다의 만리장성이라 불리는 군산 오식도에서 부안 변산 대흥리까지 잇는 새만금 방조제 준공식이 있었다. 구호는 '녹색 희망, 새만금'을 외쳤다. 최대 수심 54m의 난공사와 환경 논쟁 등으로 어려움도 있었지만 국론이 모아져 순수 우리 기술로 완공할 수 있었다. 새만금 개발계획이 확정된 지 21년 만에 방조제를 착공한 지 19년 만에 2010년 4월 27일 새만금 방조제 길이 열린 것이다. 그리고 "새만금은 세계 간척사상 유례없는 대역사로 그 방조제는 동북아를 넘어 세계로 뻗어가는 대한민국의 미래 경제고속도로, 유라시아 대륙과 태평양 경제권을 잇는 요충지이면서 한국 서해안 산업벨트의 중핵이자 관문이다." 네덜란드 쥬

다찌 방조제보다 1.4km 길어 영국의 기네스 월드리코드사로부터 기네스 인증 통보를 받았다.

앞으로 이곳에서 새로운 문명을 열기 위해 한 발자국씩 착실히 준비해야 할 것이다. 방조제 내부의 간척 토지 28,300ha의 땅을 세계적인 친환경 공간으로 조성하여 후손에게 자랑스런 유산으로 물려주기 위해 친환경 첨단 농업용지, 산업용지, 관광용지, 신에너지 단지를 조성할 계획이라고 한다.

이제 33.9㎞의 세계 제일 바닷길! 황해의 넓고 넓은 바다를 달려보자! 그리고 세계의 관광객이 모이는 곳, 군산엔 채만식의 탁류로 꾸미고 부안엔 여류시인 매창의 시들을 소개하면 아름다운 관광문화가 세계화로 탄생될 것이다.

05 삼여도와 변산의 삼군락

미술 전시회장서 도저히 이해가 되지 않은 그림 앞에 나는 무심코 서 있다. 종류 미상의 물고기 세 마리를 그려 놓고 주제는 「삼여도三餘圖」라 써놓은 것이다. 이 그림에서 물고기는 비정상의 물고기로 종류는 알 수 없이 그려졌다.

잉어 세 마리나 메기 세 마리를 확실하게 그린다면 다른 뜻으로 읽힐 염려가 있기 때문일까 의문이 가기도 했다.

생각해 보니 『위지 왕숙전』에 나오는 뜻일 것 같았다.

하루는 동우에게 젊은 농부가 배움을 청하자 책을 백 번만 읽으면 뜻이 저절로 통한다(讀書百編意自見) 했다.

그러나 거절하면서 책 읽을 시간이 없다고 하자 다시 말하기를 학문을 하는 데는 "세 가지 여가만 있으면 충분하다."고 가르친 말에서 유래한 것이라 생각한다.

첫째는 남들이 다 잠자는 밤은 하루의 나머지 시간이고,(夜日之

餘)

둘째는 겨울날은 일 년의 나머지이며,(冬者歲之餘)

셋째는 흐리거나 비오는 날은 맑게 갠 날의 나머지가 된다.(陰雨時之餘)

그래서 이것을 3가지 여유라 했고, 여유 있는 시간만 활용하더라도 학문하는 데는 충분하다는 말이다.

또 「박고도博古圖」를 보면 물고기는 백성에 비유되고 낚시기술은 통치자에 비유했다. 중국에서는 어수지친魚水之親 어수지교魚水之交라 해서 왕과 백성과의 친밀성을 나타냈고, 일본에서는 왕과 백성과의 관계를 "물과 물고기"라고 표현했으며 우리에게도 "물고기는 물을 떠나 살 수 없다."는 말이 있다.

그런가 하면 예수는 가끔 어부로 비유되는데 이때에 크리스트교인은 물고기로 상징된다.

그리고 로마시대의 카타콤베와 초기 크리스트교 건물에는 물고기의 그림이 많이 그려져 있다.

우리나라도 있다. 고려 동경을 보면 잉어가 용이 되는 그림이 많이 그려져 있다. 머리가 용이며 지느러미가 날개 형상이다. 배경에 구름이 그려진 것으로 보아 하늘에 오른 물고기의 묘사이다. 상감청자나 분청사기에 물고기 한 쌍이 그려진 것은 대문장가가 되어 정승이 되라는 의미를 지니고 있다.

「어해도魚蟹圖」는 물고기 병풍에 자손이 많아 가문이 번창하기를 비는 물고기 떼의 그림과 장수를 상징함을 느꼈다. 삼여도의 물고기들! 비정상을 보는 것이 어쩐지 가슴이 답답하다. 인위적으로 만들어지고 꾸밈이 있어 꽉 막힌 가슴 확 트일 곳, 대 자연 그대로 있는 곳을 찾고 싶었다. 검푸르고 넓고 넓은 바다. 맛이 짭짭한 바람과 무성한 숲의 변산반도의 3군락을 찾았다.

첫째는 부안 도청리 '호랑가시나무 2,700평의 군락지'이요. 둘째는 격포리 '후박나무 600평의 군락'(제123호)이다. 셋째는 동계리 '꽝꽝나무 1,280평의 군락'(제124호)이었다.

숲을 사랑하는 마음으로 찾아주고 잘 살도록 가꿔주며 또 다음엔 후손에게 물려줄 수 있다면 3군락三群樂이다. 즉 3가지 나무의 특성을 알고 그 나무들을 보면서 아름다움과 신비로움과 흥미로움을 맛볼 수 있어 즐거움을 느끼니 그 얼마나 자랑스럽고 멋진 인생인가!

07 건지산의 대[竹] 의지(意志)

청풍淸風이 흔들어 준 청정한 대 바람이 인다. 그리워 찾으면 바람 한 점 없는 날이라도 대와 대 사이는 시원한 바람이 인다. 이 시원한 바람에 댓잎들이 서로 스치며 속삭이는 소리가 가냘프게 들린다. 사람들의 귀에는 들이지 않고 신선이나 들을 수 있는 그 소리! 이때 떨리는 마음을 펴 대밭 속으로 속으로 들어가면 깊고도 먼 소리, 휘감기며 가까이 들리는 듯한 이 아름다운 소리에 마음을 빼앗긴다.

탐스런 여체미女體美처럼 쭉쭉 뻗은 대나무는 막 겉옷을 벗고 속살 자랑하는 아름다운 몸매에 한 줄기 향기香氣가 감돈다.

그 푸른 정밀과 그윽한 운치에 이르기까지 어느 나무들이나 어느 풀들에 비해 고고하면서도 특징적인 의지意志를 담고 있다. 삶의 굽이에서 숨막힐 것 같은 감정들을 안고 대밭에 오면 청청靑靑한 사계절에 아름다운 풍치로 정신을 빼앗기고 고요한 마음으로 다스리며 시상詩想에 잠기게 한다.

설한풍雪寒風이 사라지면 약동하는 삶과 환희의 춘풍이 살며시 분다. 청춘의 정욕情慾을 춘정春情 또는 춘심春心이라 하듯이 봄의 시작과 같이 새로운 정력이 솟구친다. 그래서 봄은 어디서나 아름답다.

대는 묵은 대로 심미적 가치와 정서적 청고淸高, 청신한 기풍이 깃든다. 여운 댓잎에 맺히는 청옥 같은 이슬방울의 미감微感이 없고서야 대나무의 진면목은 알 수 없는 것이다.

봄바람에 창문을 반만 열고 놓고 우연히 바라보던 대나무야말로 숙연부동肅然不動 속에 동양적 정감이 흐르고 죽의竹意를 불러 준다.

내가 화가라면 기암과 노송 아래에서 계곡 아래 굽이쳐 흐르는 물과 쏟아져 내리는 폭포를 바라보며 더위를 피하는 그림을 그리고 싶다.

시원한 그림은 거실에 대나무 자리를 깔고 냉방병의 주범인 에어컨보다는 풍경화가 그려진 부채를 들고 대로 만든 용수를 박고 뜬 죽엽주를 들고 싶다. 그리고 토속적이며 한국의 전통 순수성이 살아 숨쉬는 그림 속에 살고 싶었다.

구양수九陽樹 「추성부」에 "풀잎이 가을을 만나면 빛을 바꾸고 나무가 가을을 만나면 잎을 벗는다." 했다. 오직 소나무와 대나무는 사철 푸르러 우선 일급으로 쳐 주고 싶다. 그래서 나는 이끼가 멋들어지게 덮인 대나무 화분花盆을 만들었다.

겨울에 접어들면서 다른 분들은 안방에 들여놓았지만 대나무분은 추위 더위 가릴 것 없이 설중雪中 고매의 맛을 살려준다.

그래서 서예에서는 대를 치는 사체로 잎은 해서, 마디는 예서, 줄기는 진서로 치라는 필법이 있다. 의젓하면서도 무엇인가 사색적인 대를 보노라면 가슴이 편안해진다. 선현들의 영혼에 담긴 한국적이고 동양적인 어떤 향훈을 물씬 내포해 시감이 절로절로 날 것이다.

눈이 와서 도드라진 대나무 마디마다에 흘러내리다 반달처럼 쌓인 설륜이 진한 녹색의 대나무 살결과 대조를 이루는 대나무의 자태는 인간의 지혜로서는 창출하기 어려운 예술이다. 겨울 대는 역경 속에서 희망의 가능성을 보인다.

겨울 대 화분을 남창 가에 놓겠소
청청한 맛,
고하고 아한 맛은
청고한 선비의 멋이요

깊어가는 밤 백설은 분분한데
창가의 대분의
고소함 맛을 보니
새 희망이 솟는다.

번뇌망상가는 무너져 흩어 가고 마음의 고요가 밀려온다. 초의 야인으로서 대의 향과 잎새의 흔들림을 그려 본다면 이런 삶이 얼마나 행복할 것인가.

죽풍에 머리 식히고
죽향에

향몽으로 다듬고
죽의에 생각하니
죽침향에 묻혀서
시상에 잠기리

세한의 마음을 나타내고 있어 대나무는 서리와 눈 속에서도 그 절개를 고치지 않는다. "대쪽 같은 성미" 곧기가 군자의 기개다. 그리고 대나무는 온갖 꽃들과 아름다움을 겨루지 않는다. 오로지 곧은 줄기와 푸른 잎새만으로 꽃을 능가하는 아름다움을 지니고 있다. 남성상이다. 세상사에도 초연한 자세로 아는 것을 함부로 드러내지 않는 무게있는 남성이다. 유연한 곡선의 난蘭이 여성이라면 대나무는 남성으로 말하고 싶다.

열대의 대나무 잎이 북반구에 오니 북극에서 찾아온 흰 눈을 덮어쓰고 대줄기가 압력을 받은 모습. 설경으로서는 최상이 아니겠는가. 열대와 한대가 서로 접촉하면서 그 기氣를 서로 주고받는 모습은 우리나라 같은 온대 지방이 아니면 맛보기 어렵다. 이 아름다움과 즐거움으로 시맥詩脈에 잠겨 보자.

토향 이야기

제 8 장 | 잊힌 것들

01 잊힌 자만동의 쌍시암

인간 세계의 체험을 가지고서는 도저히 설명할 수 없는 것이로되 단적으로 말해서 탐욕을 극복하는 데서만 이루어진다고 한 말세우물터(충북 문화재 제143호)가 있다.

증평 사곡리는 가뭄이 극심했던 1456년경까지 동네는 큰 데 비하여 원래 우물이 없어 인근 4km 밖에서 식수를 길어 왔다. 아낙에게서 힘들게 길어온 그 물을 얻어 마신 한 스님은 감사의 뜻으로 우물터를 찾아주고는 "세 번 넘치면 말세가 오니 그때는 이 마을을 떠나라."는 말을 남기고 사라졌다고 한다.

그런가 하면 중국 산동성인 제남에 72개의 샘 중에서 가장 깨끗한 샘물 공원으로 표돌천趵突泉이 있다. 샘 3구멍에서 연속 물이 뻥뻥 물보라를 날리면서 끓어오르니 얼마나 창조의 신에 축복받은 곳인가! 샘물의 주변에는 쉬면서 구경하기 위해 만든 명·청 때의 고건축과 화랑이 조성되었다.

전주를 찾으면 동남쪽 발대산에서 오목대 쪽으로 뻗은 산자락에 이목대, 임목대, 미목대라 불렀다. 그 아래는 자만동인데 향교 쪽에 급경사로 조그마한 길을 만나게 된다. 길 따라서 20m쯤 내려가면 예로부터 서로 마주보는 쌍샘이 있었다. 지금도 동그란 하게 원을 그리며 아스팔트가 내려앉은 곳이 바로 쌍샘 터이다.

쌍샘의 흔적 위쪽 8m에 샘물이 있는데 처음엔 바가지로 떠서 쓰는 샘이었다. 차차 두레박으로 물을 펴 올려 썼다. 이 쌍샘 물은 퍼내고 또 퍼내도 마른 날이 없었다. 또 동네의 모든 이야기가 오고 가는 소문의 발상지였다.

지하수가 지상으로 용출湧出하는 상태에 따라 대량의 지하수가 암석의 틈에서 솟아나는 병출천이였다. 이 샘은 여름철에는 시원하고 겨울철에는 따뜻한 수온을 보존했고 수질도 다량의 광물성분을 함유해 콩나물과 황포묵을 만들었다.

우리는 예로부터 샘을 신성시해 왔다. 신라의 시조 박혁거세朴赫居世와 그 비인 알영부인閼英夫人의 고사에 옛날부터 지팡이를 꽂아서 맑은 샘물을 찾았다는 설화에서 엿볼 수 있다. 서양에서도 샘 숭배의 관습은 BC 3000년경 바빌론의 조각을 새긴 수반이 있고 그 밑에서 4개의 하천이 사방으로 흐른다고 기록되어 水盤에서 볼 수 있으며 그리스, 로마에서도 샘을 정교한 돌 세공으로 둘러싸거나 조각상으로 장식하였다.

또 이슬람교에서는 「코란」에 "물가에 모든 것이 살고 있다."고 기록되어 있고, 힌두교에서도 "솟아나는 물을 인간 및 모든 생명력의 상징으로 하고 있다." 바로 그것이 생활상의 중심이오, 활동의 원천의 상징이 되어 있다.

가슴이 막 봉그라져 오르는 앞집 처녀가
가늘고 긴 새끼줄 맨 두레박으로
물을 퍼 올려 똬리를 얹은 머리 위로
옹기물동이를 올릴 때였다,
무명저고리 앞섶에서 보일 듯, 말 듯
살짝 내비치던 젖가슴 연분홍 빛!
행여 어느 총각이 훔쳐볼까
설레어 콩닥콩닥 뛰는 가슴에
침 삼키며 얼굴 붉히던 쌍시암 물은
콩나물 기르고 황포묵 만들었네.

전주 쌍시암의 수질이 아주 좋았다. 그래서 질 좋은 콩나물과 황포묵을 만들었고, 샘 밑에 미나리꽝이 있었으니 유명한 전주비빔밥의 주재료가 바로 이곳에서 생산 되었다는 것이 매우 중요한 사실이다.

또 조선 목조의 유허지와 관련된 곳이라는 점으로 전주의 역사적으로 잊어서는 아니 될 곳임을 밝혀 준다. 이런 쌍시암을 아깝게도 그 흔적을 없애버렸으니 애통하고 서글프다. 이제 우리 세대에 다시 복원해 후세에게 물려주어야 전주의 맥이 이어나갈 것이다.

02 한옥마을의 회화나무

전주 한옥마을 태조로 길 숲이 길상목인 회화槐花나무 숲길로 되어 깊은 뜻이 있다. 회화나무 하면 먼저 우리나라 1,000원권 구 지폐 뒷면에서 볼 수 있는 존경 받는 나무였다.

도산서원 그림 중 왼쪽 뒤편의 무성한 숲 부분이 바로 400년의 고목 회화나무였다. 600년이 넘은 회화나무들도 건재한 판에 겨우 400년생이 돌이킬 수 없이 죽어버리다니 혹시라도 관리에 소홀함은 없었는지 의심스럽고 안타깝고 애달프기만 하였다.

도산서원 측은 죽은 회화나무 기둥을 그대로 둔 채 능소화 덩굴을 심어 감싸게 하는 등 주변을 단장할 계획이라고 하지만, 위선의 겉치레뿐 자연스러워 보이지 않는다. 꼭 있어야 할 것이 제자리에 없을 때 낯선 적막처럼 서운함으로 가슴앓이였다.

덧없는 세월 반기며 맞이할 고풍스런 나무! 맑디맑고 깊디깊은 침묵의 회화나무는 그곳엔 없다. 뉘우침이 진하면 진할수록 꽃은 더 맑고 순결했던 것을 교훈 삼아 깨끗함을 얻고자 선비의 긍지와 소망을 담았던 유서 깊은 '학자나무'이었다. 그 한 그루의 종말이 흡사 이 나라의 어두운 교육 현실을 보여주는 것 같아 한없이 구슬퍼지며 메마른 눈시울까지 촉촉이 적셔준다.

옛날 양반들이 이사갈 때에는 쉬나무와 회화나무 종자는 반드시 챙겨갔다고 한다. 쉬나무를 심어 종자를 따면 등잔불을 밝히는 기름으로 사용했고 회화나무는 고고한 학자임을 여기저기 알리기 위함이었다.

회화나무를 집안에 심으면 유명한 학자가 태어난다는 것으로 세 그루면 대길한 일만 생긴다는 전설로 여겨 길상목吉祥木으로 여겼다.

그래서인지 옛사람들은 이 나무를 심으면 집안에서 꼭 학자가 탄생한다는 믿음을 가지고 있었다. 과거에 급제하거나 출세한 후 관직에서 물러날 때도 기념식수로 꼭 회화나무를 선택했다. 또 학문을 강론하던 곳에는 어김없이 은행나무와 같이 이 나무가 심어져 회화나무를 학자수學者樹라고도 부르고, 영어로 'Chinese scholar tree'라고 쓰는 것도 바로 동서양이 일맥상통한 것이다.

고궁이나 사찰, 서원, 문묘, 고택古宅, 양반 동네에서 주로 볼 수 있던 나무로 그리 흔하지 않는 회화나무다.

그런 회화나무가 전주 한옥마을 중심지인 태조로 가로수로 몇 그루 모습이 보였다. 눈을 의심하면서 정말 회화나무인가? 의문을 품고 하나하나 분류하니 잎은 줄기 양쪽으로 줄지어 붙어 마치 깃털을 연상하게 한다. 자세히 말하면 잎들은 콩과인 아까시 잎과 비슷함을 발견할 때다. 관광객을 위한 곰삭은 소리가 난다. 분명 귀에 익은 소리였다. 이 애절한 소리는 「수궁가」 한 장면이 스피커를 통해 나온다. 마침 부귀영화를 누리고 싶은 허황된 꿈을 안고 자라 등에 업혀 온 토끼가 병든 용왕을 위해 간을 바쳐야 하는 절박한 상황이 기다리는 장면의 판소리였다. 8월 미풍에 회화나무 잎이 사르르 떨며 "얼씨구." 하니 이젠 황백색의 꽃이 가냘프게 흔들거리더니 "으악." 소리와 함께 탁 떨어진 모습은 추임새 장단으로 심미적 황홀경의 한 장면이었다.

바로 판소리의 고장! 예지와 숨결이 깃들어 있는 전주에서만 볼 수 있고, 들을 수 있고, 느낄 수 있는 것이 아닐까?

회화나무에게도 전설이 있다.

중국 당나라 때의 전기소설 「남가태수전南柯太守傳」에 나오는 이야기로 덧없는 한때의 꿈을 비유했다. 회화나무 아래의 개미나라에 순우분이라는 사람이 술에 취해 낮잠을 자다가 꿈속에서 괴안국槐安國 사신에게 초청을 받고 회화나무 구멍 속으로 동행하였다.

그곳에서 공주와 결혼도 하고 태수가 되어 호강을 누리다 어느 날 단꿈에서 깨어보니 바로 자기 집이었음을 알았다. 그래서 마당으로 내려가 회화나무를 베어 보니 꿈속의 나라와 꼭 같은 개미나라가 있었다는 내용이었다.

회화나무 밑에 서 보니 잎은 괴엽槐葉으로 고열과 습진에 효과가 있다고 한다. 여기에 쭉 뻗은 가지가 저절로 기품과 기개를 느끼게 하는 줄기는 괴교槐膠로 소염증 치료와 종기나 가려움증에 사용했고, 나무 가득 피어나는 우윳빛 꽃송이는 괴화槐花라 해서 고혈압에 좋고 지혈효과가 있다. 또 이 꽃에서 딴 꿀은 최고급 꿀로 알아준다. 꽃이 지면서 생기는 염주알 같은 잘록잘록한 열매는 괴각槐角이라 하여 치질에 효과가 있고 열매를 즙내어 열로 졸여 만든 한약은 자궁출혈에 효과가 있다고 하니 잘 자란 회화나무의 가지, 껍질, 꽃, 열매 등은 약용으로도 좋아 한약상들에게 인기라는 말을 듣고 나무를 다시 바라보았다.

단아하고 깨끗하지만 수형이 기기묘묘해 다른 나무에서 느낄 수 없는 위엄이 저절로 느껴진다.

우리나라 곳곳에 산재해 있는 회화나무는 수령樹齡이 보통 몇 백년씩 같이 생활한 인천 서구 심현(천연기념물 제315호), 부산시 사하구 괴정(제316호), 충남 당진 송산 삼월리(제317호), 경주시 안강 육통리(제318호), 경남 함안 칠북 영동리(제319호)가 있다.

그만큼 유서가 깊고 간직한 사연도 가지가지라 그 대표적인 것을 말한다면, 충남 서산의 해미읍성에 있는 600년 된 회화나무는 대원군의 천주교 탄압 때 끌려온 사람들이 살과 뼈를 뚫고 피 흘리며 고문당한 끝에 목매달려 순교한 고목나무다. 그래서 지금도 이름대신 교수목絞首木이라고 불린다.

또 얼마 전 경북 포항의 영일민속박물관 앞뜰에 있는 600년 수령의 회화나무가 죽어가자 주변에 웅덩이를 파고 우리의 것 전통적인 곡주 막걸리 400여ℓ를 쏟아 부었다. 죽어가는 고목 살리는 영양성장제로서 막걸리만큼 효험이 좋은 것도 없다고 한다.

치료받은 고목을 바라보면서 우거진 회화나무의 정취를 음미한다. 그리고 도산서원의 회화나무가 되지 않도록 전통 깊은 전주 한옥마을 태조로 길이 우리의 것 토향의 길상목 회화나무로 짙푸른 숲길이 되길 바란다.

03 위기 운명의 '이팝나무'

풍년을 예측했던 신목이며 흰쌀밥알을 닮았다던 이팝나무 꽃맵시 속에 숨을 쉬고 그 향기에 은은히 어리어 있는 사연을 찾고 싶다.

유명한 산 바위마다 맥을 끊어 쇠말뚝을 박았던 때 자기 목숨을 아낌없이 내놓고 위기에 처한 이팝나무를 살리기 위해 「이팝나무 보호요청서」가 1908년 1월 17일자로 제출되었다. 제국대학 농과대학 '시라이 고타로(白井光太郎)'의 요청서 전문을 요약해 보면 '이 나무는 매우 진귀한 수종이기 때문에 사람들은 그것을 '육도목六道木' 혹은 '난자몬자(なんじやもんじや)'라고 하는데 그 이름을 아는 자가 전혀 없었다. 최근에 들어서야 전문가의 감정에 의해 비로소 물푸레나무과에 속하며 중국의 간쑤 성이 원산지로 알려지기에 이르렀다. 국내에서도 전국을 뒤졌다. 지금에 이르기까지 다른 곳에서 그것을 본 자가 없다는 사실만 봐도 이 나무가 얼마

나 진귀한 것인지 알 수 있다. 이 나무는 5월 중순경에 하얀 꽃을 피우는데 마치 하얀 눈을 쓰고 있는 것 같이 멀리서도 쉽게 알아볼 수가 있다. 또한 꽃에는 향기가 있어 감상할 만한 가치가 있다. 이 나무의 개화 중에 한 번 보고 부디 적당한 보호조치를 시행해 주길 바란다.'라는 내용이었다.

한편 총독부 지시로 대구공립여자고등보통학교장 '시라카미 주키치(白神壽吉)'가 전주부 내의 조사한 이팝나무를 소개하면, "다가산 남동쪽 기슭에서 전주천에 60그루가 8~9m 정도로 있고 곤지산 남쪽 산중턱 일대에서 남고천의 절벽지에 커다란 나무로 67그루가 자라고……(중략)…… 이 나무는 5월 중순 '하立夏절에 꽃이 피는 나무다.' 가 변절로 '이팝나무'로 되었다."는 설까지 보고되었다.

더우기 학교 및 각 관공서는 물론 고궁과 향교며 새로 만드는 신작로까지 벚나무(사꾸라)를 심어 벚꽃 세상을 만든 때였다. 연분홍 꽃으로 화려한 벚꽃은 곡우穀雨절의 비바람을 만나 3~4일 짧고 짧은 기간에 일시에 피워 일심단결과 내선일체를 강조한 표상이 되었다. 이 경쟁적인 대상이 바로 이팝나무였다.

> 아기 웃음소리처럼 까르르 청 맑게 피워
> 젖내음처럼 쏟아지는 짙은 향내에
> 아가 입처럼 벙글벙글거리는 모양은
> 흰쌀밥같이 하얀 민족 꽃이다.

2주일 동안 길고 길게, 먼 곳에서도 쉽게 알 수 있어 매혹적이다. 잔가지 끝에 꽃자루를 돌출해 송이송이 가느다랗고 하얀 꽃으로 온 산과 들녘에 피워 일제의 앙칼진 원초적 행위에 쪼그맣게 오그라들어 쩔쩔매며 무언무동으로 항일감정을 표출했던 것이다. 쌀 공출당해 굶주리던 배를 휘어잡고 언제나 사발 위에 솟구친 고봉밥! 그 새하얀 쌀밥을 먹을 수 있을까! 꿈속에서나 그려 봤을까? 우리 민족은 하늘의 흰구름에서 흰 기운을 받아 백산으로 상징해 큰 산을 태백산, 작은 산을 소백산이라 한 것도 단군신화 속에 우리의 얼로 살아남아 흰색을 절개며 결백과 행운으로 비유해 내려왔다.

그래서 흰 학, 흰 호랑이, 흰 사슴, 흰 곰, 흰 말, 흰 소, 흰 개, 흰 뱀 등은 행운으로 여겨 왔고, 그 정신문화 속에 어린 소박미를 담은 조선백자가 탄생했던 것이다. 깨끗한 흰 옷을 입고, 흰 꽃의 약효가 특별한 것을 알아 써 왔던 지혜로움과 부실한 몸과 흐린 정신을 다스렸던 흰죽, 흰색의 텁텁한 막걸리를 마시며 시를 짓고 흥취를 자아내는 민족! 그만큼 정갈한 마음가짐으로 열과 성을 다한 백의민족으로 한 사람, 한 사람의 마음속에 살아 존재함과 의미의 색은 아마 이팝나무 꽃 색을 닮아서일까?

우리의 것이라, 우리 강산에는 2년 동안 땅속에 저장했다가 종자를 파종하면 2개 중에 한 개가 발아하니 발아율도 높은 편이며 2~3년에 묘목을 옮기면 7~8년에 성숙해 꽃을 볼 수 있다.

나무는 20m로 자라며 공해, 소금기, 병충해, 추위에 강하여 천연기념물로 제36호 전남 승주군 쌍암면, 또 전북 고창군 대산면 제185호며, 경남 양산 상북면 제234호로 전국에 10여 곳이 있다.

과연 세계적으로 진귀한 식물을 보고 그것을 연구할 만한 가치성을 인정한 역사적 자료 「팝나무 보호요청서」가 있었기에 말살 정책에서도 이 한반도 땅에 굳건히 자라고 있다. '사라이' 박사로부터 진정한 나무 사랑 정신을 배웠고 두 손 모아 감사를 드리니 이팝나무 꽃에서 맑은 향기가 새롭게 팍팍 튀어 오른다.

04 남고산성의 동자꽃!

전주의 동남쪽에 위치한 고덕산(603m)의 줄기를 맞대고 있는 남고산(248m)에 쌓은 산성을 고덕산성이라 했다. 남고산의 세 봉우리 중 하나인 만경대와 관련해서 임진왜란 당시에는 만경산성이라 부른 선조실록을 생각하니 또 견훤산성이 떠오른다. 그러나 현재는 남고산성(지방기념물 제4호)이다. 서로 이야기하면서 산중턱에 오르니 산에서 자라 산유화지만 나의 가슴을 찢는 듯 애틋한 꽃! 동자꽃이 한참 피었다.

자세히 보면 높이는 1m 정도이다. 줄기는 몇 개씩 모여 나며 곧게 서고 마디가 뚜렷하다. 잎은 타원형으로 끝이 날카로우며 앞뒷면과 가장자리에 털이 있고 황록색이다.

꽃은 6월에 주홍색으로 백색 또는 적백색의 무늬가 있고 줄기끝과 잎겨드랑이에서 낸 짧은 꽃자루 끝에 1송이씩 붙고 꽃잎은 5개이다. 또한 가장자리에 짧고 작은 톱니가 있으며 꽃의 안쪽에 수술은 10개, 암술은 5개이다. 열매는 삭과로 꽃받침 통속에 들어 있다. 관상용으로 야생화 사랑하는 자들에게 귀염 받는 꽃으로 전설이 담겨 있다.

옛날 설악산의 조그만 암자에 노스님이 어린 동자를 남겨두고 겨울 준비를 위하여 하산하였다. 그런데 그날따라 눈이 펑펑 쏟아진다. 쏟아지다 퍼붓고 또 쏟아졌다. 너무 많이 와 쌓이기 시작해 도저히 절로 돌아갈 수 없었다. 하늘만 바라보며 눈이 녹기만 기다렸다. 어린 동자는 이제나 저제나 하고 절벽 언덕에 앉아 스님을 기다렸다. 그 다음해 봄에야 눈이 겨우 녹아서 스님이 절에 당도하니 동자는 스님이 오는 길목 언덕에 앉은 채 얼어 죽어 있었다. 가엾은 동자를 그곳에 묻었더니 다음해 무덤에서 꽃이 피어났다. 꼭 동자의 얼굴 같은 붉은색의 꽃으로 산 아래를 향하여 피는 이 꽃을 사람들은 동자의 넋이라며 '동자꽃'이라 불렀다.

이런 이름을 가진 동자꽃의 애틋한 모습은 유래만큼이나 강렬한 감동이 퍼지며 어린 동자의 죽음에 담긴 가슴 아픈 사연과 나에게도 잊지 못할 사연들이 담겨져 있었다.

나는 축구경기만 보면 가슴이 울렁거린다. TV 방송에 축구경기만 나오면 다른 프로로 옮긴다. 그 이유는 내 기억에 유년기와 소년기를 보낸 고향으로 줄달음질치기 때문이다.

그 시절 우린 7남매와 고모, 삼촌 대식구였다. 이 식구의 생활식수와 빨랫물, 허드렛물까지 물지게로 양쪽 양철통에 물을 길었고 동생을 돌보았으니 얼마나 어려웠던 나날이었던가 생각하기조차 싫었다.

어느 여름날 저녁밥상 앞에 앉아 있었다. 어머니는 나를 보고 “경희 어디 있냐?” 하신다. 아, 깜박했다. 학교가 끝나고 집에 돌아오니 울며 보채는 둘째동생 경희를 업고 나가라 한다. 동네 고샅에 나오니 1구 마을과 2구 마을 친구들의 축구시합이 벌어졌다.

내가 살고 있던 2구가 골키퍼 잘못으로 지고 있다. 모두들 나보고 “들어 와.” 하며 “키퍼 교체.” 선언한다. 나는 할 수 없이 업고 있던 동생을 키가 큰 나무 가로수에 업혀놓고 띠로 묶었다. 그리고 그 경기에서 이겼다. 이긴 기분으로 집에 와 밥상 앞에 앉은 것이다. 얼마나 큰일인가! ‘잃어버리고 나서야 빈자리가 크다.’는 사실을 알았다. 그 시절 문둥병 환자가 어린애의 간을 먹으면 낫는다고 노리고 있었던 것을 그리며 정신없이 뛰었다. 눈 선 풍경이 잠깐씩 헷갈리곤 한다. 그러면서 가슴이 두근거리고 동생에 대한 은근한 공포심마저 드는 것이다.

가로수가 보인다. 저녁 안개 속에 무엇이 희미하고 검푸르한 것이 보인다. 다가가니 새근새근 잠자는 소리가 들린다. 가슴이 출렁이었다. 다행이다. 정말 하느님이 동생을 보살펴 주셨구나! 감사합니다 하며 동생을 업고 집에 오니 식구들의 눈이 쇠눈 같이 휘둥그레지며 어찌된 영문이냐? 하시어 거짓말을 했다. 길거리 잡상인 띠기 할멈에게 잠깐 맡기고 축구시합을 하고 그만 잊고 왔다가 찾아왔노라 했다.

그러나 이 거짓말이 오래가지 못했다. 고모가 동네에서 듣고 온 소문에 세상에 얼마나 구잡스러우면 동생을 나무에다 메달아 놓고 축구 했을까?

나의 소년 시절을 더듬어 보면 7살 차이의 뚱뚱한 동생을 업으면 힘이 겨웠다. 그러나 어머니의 일손을 도와야 했기에 마음껏 친구들과 놀아보지 못한 채 뼈마디 마디가 저려오는 아픔이 있었다.

하산 길이다. 역사도 많고 기록도 많은 남고산성은 1981년도에 다시 격을 높여 이젠 사적(제294호)으로 변경 지정되었음을 알았을 때다. 땡그랑 땡그랑 남고사의 범종 소리가 계곡에 울린다.

이 종소리의 여음에 또다시 동생이 생각난다. 만약에 잃어버렸다면 나의 가슴 속에 영원한 동자꽃 하나 더 생길지도 몰랐을 것이다.

05 전주약령시와 용골

현직 때였다. 과학전 출품으로 석약石藥을 구하러 대구 약령시에 들렀다가 우연한 만남으로 인연이 되었던 안 선생님은 수필가로 또한 한방에 권위뿐만이 아니고 주량은 조지훈 선생 등급으로 술의 진경을 체득한 사람으로 탐주耽酒였다. 즉 주호 3단 자격자로 인품은 쾌걸인이다. 그가 오늘 전주 약령시 축제에 온다고 한다.

먼저 안 선생의 얼굴이 그려진다. 나에게 대구 약령시를 소개하던 그 모습이 그려진다. 조선 초기 약재 생산은 주로 자연에서 채취에 의존했으나 때로는 재배도 했으리라 생각된다.

역사적으로는 세종 14년(1432) 때 각 지방에 약초 캐는 일만 전문으로 하는 사람 즉 채약인採藥人을 두었고, 광해군 1608년에 경기도부터 대동법大同法 실행이 공납을 쌀로 대납하는 제도가 실시되자 왕실의 사용품도 점차 값을 치르고 사오는 방식으로 변화했다.

물품을 사기 위해 효종(1653년) 때부터 궁궐에 특별히 개설된

궁시宮市를 열게 되었고 이 방식은 시기에 들어서면서 약재진상도 혼선을 빚게도 되었다. 그래서 효종6년 (1655) 영시令市를 명하였다. 바로 이를 근거로 대구 약령시가 이 땅에 처음 생겼다.

채약인들은 채약을 생업으로 삼아 대대로 했기 때문에 채약시기, 방법, 건조, 손질, 관리의 기법을 잘 알고 있는 장인들이었다.

"이들은 일 년에 춘령시와 추령시로 발전하였고 약전 골목으로 현재 남성로와 동성로 일부였으며 양익순이 주동하여 부흥운동으로 1940년도까지 지속되었다. 현재는 10월 문화 의 달로 1970년부터 축제를 한다."고 설명하다가 석약石藥 상점을 발견했다.

흰 수염이 긴 할아버지에게 석약인 용골龍骨을 찾으니 "이 용골은 중국 사천성 것인데 옛날 공룡의 뼈지." 하며 설명을 하는데 안 선생은 나의 속도 모르고 쇠절구 통에 쇠방망이로 펑크는 데 힘드니 작은 부스러기를 담는다. 나의 목적은 화석으로 큼직한 것 한 개도 좋았는데……. 그때의 그 장면이 슬며시 떠올랐던 것이다.

안 선생!

이곳 전주의 약령시는 대구의 약령시보다 규모나 역사가 작은 것은 누구나 부정할 수 없는 사실이다. 그래도 전주약령시 기념비가 있고 1923년 매년 11월에서 12월말까지 60일간 개최되어 박계조의 노력한 보람으로 16년간 지속되었고 약재의 객주와 거간의 중개알선을 받으며 거래했는데 완주군의 생강生薑, 장수군의 오배자五倍子, 무주군의 반하半夏 현호색玄胡索은 일본으로 추출까지 했었다 하니 할 이야깃거리가 없어 막걸리 집으로 들어갔다.

막걸리 잔은 두 개인데 안주그릇은 열 하고도 셋이나 되니 안 선생의 눈은 동그레지며 놀란다. 술 인심 한번 좋다! 얼씨구! 취하고 또 취해서 나에게 한 수를 가르쳐 준다 "용골이 비싸거나 없으면 대용품을 생각해야지!" 하면서 막걸리를 단숨에 마시고 오른손 바닥을 턱에서부터 입술까지 씻고 하는 말이다.

"용골은 큰 포유동물의 화석화된 뼈지! 그 대용품은 인골人骨이다. 그도 가루 장만이 어려우면 인골분을 쓰면 효능은 같아. 즉 탄산칼슘($CaCO_3$)으로 갑상선 기능항진증에 효능이 탁월해. 이것도 못 구하면 화장터에 가면 천지가 인골분이지 아주 몽글게 빻아 바람에 날리니 말이야. 하하하!"

나의 머리엔 티베트 여행 때 인골로 만든 염주알은 수없는 인생생활을 수레바퀴로 의미하여 인골 구슬 알 하나하나 넘기면서 밀교수행을 한다. 수십만의 금강 산타만트라를 독송하는 고뇌를 보았다. 거기에 깡링(인골 피리)이 떠오른다. 밀교의식 때 사람의 대퇴골로 만든 법기피리소리는 뼛속에서 나온 소리가 듣는 이의 뼛속까지 스며드니 얼마나 처량하랴! 하다못해 애처롭고 구슬퍼 애간장이 그만 찢어지듯 아팠다. 번뇌를 끊어버리는 소리로 극락에 가기 위한 씻김의 소리였다. 그 한 사람의 존재인 인골의 귀중함을 느껴 본다.

나는 대구 약령시보다는 규모가 작지만 약령시다운 약령시로 양심으로 인골보다 진짜 용골 같은 한약재의 진품을 구할 수 있는 전주 약령시가 되길 바란다.

06 마지막 스무나무를 보면서

전주의 풍수 가운데 가장 중요한 것은 덕진제와 비보풍수였다. 동쪽의 건지산과 서쪽의 가련산 사이가 허실하다. 이것을 보하기 위해 제방을 쌓고 덕진이라 했다. 이 제방 길에 느릅나무와 스무나무를 심어 보호했다.『신증동국여지승람』 완산편.

우람하고 듬직한 스무나무는 전설이 깃든 마을의 신목으로 가가호호의 어려운 속내며 부엌의 숟가락은 물론이고 각종 재해며 무병장수와 풍년을 풀어내는 소원의 나무였다.

그런데 언젠가는 몰라도 그 누가 이 스무나무껍질을 아마 위장약으로 사용하기 위해 몽땅 벗겨갔다. 그래서 이 나무는 시름시름 앓다가 죽어 고사목으로 외롭게 서 있는데 마침 그곳에 길이 무너져 스무나무 고사목 덩컨을 뽑아 버렸으니 사라진 스무나무였다.

포클레인에 허리를 묶여 뽑히는 마지막(2010. 6. 17.) 스무나무 고사목을 보면서 불현듯 방랑시인 김삿갓이 떠올랐다.

홍경래의 난에 항복한 김익순金益淳을 경멸하고 가산군수 정시鄭著를 찬양하라는 시제로 한시를 지어 장원한 자로 호는 난고 김병연金炳淵이다.

자신이 조롱했던 부사 김익순이 바로 자기의 할아버지였다는 사실을 뒤늦게 어머니로부터 전해 듣게 되었다. 그 시절 조상을 욕되게 만든 천하의 불효막심한 손자가 되고 말았으니 그 불손이 어찌 떳떳이 하늘을 보고 살 수 있겠는가! 그는 본의든 본의가 아니든 결과적으로 자신이 저지른 죗값을 치르느라 자기 스스로 수치로 인정하고 일생을 삿갓으로 얼굴을 가리고 팔도를 방랑했다. 그 결과 도처에 독특한 풍자며 해학의 에피소드를 많이 남겼다.

그는 순조 7년(1807) 정동 김씨 집안에 태어나서 57세로 전라도 동북에서 생을 마쳤다. 그 후손이 영월군 위풍면 태백산 기슭에 시비를 세웠다.

아스라이 잊혀가는 한시漢詩로 김삿갓의 대표작이다.

二十樹下 三十客　스무나무 아래 서러운 나그네
四十家中 五十食　망할 놈의 집에선 쉰밥을 주는구나
人間豈有 七十事　세상에 어찌 이런 일이 있을 손가
不如歸家 三十食　내 집에 돌아가 선밥 먹음만 못하리

혼자서 조용히 비문을 읽어 보며 음미해 본다.

二十樹는 헤미프텔레아에서 Hemi는 절반을 뜻하고 ptelea는 날개를 뜻하며 학명은 '시무나무'다. 느릅나무과 낙엽교목이며 1속 1

종으로 세계에서 희귀한 나무로 중국과 한국에만 있다. 키가 20m에 달하며 가지에 큰 가시가 나 있고 잎은 어긋나는데 10월에 한 쪽 방향으로만 날개가 발달한 특징의 나무다.

三十客은 서른의 서자를 따서 서러운 나그네로, 四十家는 죽을 死 ➪ 죽일 놈 보다➪ 망할 놈이다. 그래도 밥술이나 먹고 살 만한 집을 샅샅이 뒤져서 찾았건만 짐승도 먹지 못할 쉰밥을 주다니……. 며칠을 굶주려 뱃속서 쪼르륵 쪼르륵 하는 배고픈 소리가 창자를 타고 연속성으로 들려왔다. 그럭저럭 끼니를 때우고 싶었다. 그러나 상한 냄새가 코를 찌른다.

이 시의 핵심은 一十은 씹을 수 있는 생쌀, 二十은 쌀이 물에 잠길 때, 三十은 아직 설익은 밥, 四十은 먹기 좋은 밥, 五十은 정도가 넘어 쉰밥을 과학적으로 분류해 인간 삶의 모든 일 중에 가장 중요한 먹을거리 인심이 이럴 수가!

그는 솔밭에 풋 송화를 한 움큼 쥐어뜯어 손으로 비벼 먹다가 눈물을 흘리며 설움을 토해 내었다. 그 밥 한 술의 그리움에 복받쳤다.

에끼! 헛기침과 함께 송화 뭉치를 보리밭 깜부기를 향해 던졌다. 거무튀튀한 깜부기 가루가 언덕 위로 흩날리니 초여름의 생기가 넘쳐 향기로 풍긴다.

사람들 속에 서로 돕고 살아가는 삶이 참 삶인 것을……. 三十食은 잠시나마 집에서 익지 않은 선 밥을 슬며시 그려본다.

하루에도 세 끼 빌어먹는 거지로소이다. 그러나 인간의 자존심과 슬픈 한들이 나의 가슴팍에 어혈로 뭉쳐 있다. 이 어혈을 풀 수 있는 방도가 한시밖엔 없었던 것이었다.

요즈음 썬 양배추에 하얀 소스가 뿌려진 접시 위에 두둑한 소고기와 반숙의 프라이를 얹어 고급스러운 '함박스테이크'를 주었으면 이런 시상이 떠올랐을까!

참으로 보기 힘든 시였다. 숫자화로 비유와 은유한 한시로 그 시대의 사회상을 그대로 풍자한 유머가 오늘날 가치성을 높이 평가하고 있다.

김삿갓! 당신의 그 시절엔 빈곤의 지수가 1위였으나 마음만은 편해 행복지수는 세계 4위로 하루하루 행복감을 맛봤지요? 지금은 물질만능시대로 풍족해 생활수준이 7위라 합니다. 그러나 유산을 탐하여 부모를 죽이는 세상! 번민 끝에 잠 못 이뤄 자살한 사람이 세계 지수 1위를 차지하니 국민 행복지수는 세계 제일 하위로 '뒤로 돌아'서면 1위라 한다.

공해에 시달리다 죽어간 스무나무를 생각하면서 김삿갓의 풍자한 시감은 진정 매혹적으로 구절구절 넘쳤다. 토속적 시로 그 시절의 시대상이 눈앞에 어릿어릿 그려지는 시! 어쩌면 그 시감을 능가할 수 있는 시어詩語들이 지구상에 또 있을까?

덕진공원 제방에 있던 스무나무는 사라졌어도 김삿갓의 시는 시혼詩魂이 되어 연못의 물처럼 출렁인다.

土鄕 이야기

인　　쇄 : 2011년 11월 21일 인쇄
발　　행 : 2011년 11월 30일 펴냄

지 은 이 : 신 진 탁
발 행 인 : 서 정 환
발 행 처 : 신아출판사

출판등록 : 1984년 8월 17일 제28호
주　　소 : 전주시 완산구 태평동 251-30
전　　화 : 063-275-4000
팩　　스 : 063-274-3131
이 메 일 : sina321@hanmail.net

값 12.000원

ISBN 978-89-5925-939-7 03980

■ 이책은 전라북도문예진흥기금의 일부지원금을 받아 발간되었습니다.